U0920256

ORIGINAL POINT PSYCHOLOGY
沂心理

困境中的自由

李子勋◎著

华龄出版社
HUALING PRESS

图书在版编目（CIP）数据

困境中的自由 / 李子勋著．-- 北京：华龄出版社，2023.3

ISBN 978-7-5169-2491-4

Ⅰ．①困…　Ⅱ．①李…　Ⅲ．①心理学－通俗读物　Ⅳ．① B84-49

中国国家版本馆 CIP 数据核字 (2023) 第045446号

策划编辑　颉腾文化

责任编辑　鲁秀敏　　　　**责任印制**　李未圻

书　名	困境中的自由	**作　者**	李子勋
出　版 发　行	华龄出版社 HUALING PRESS		
社　址	北京市东城区安定门外大街甲 57 号	**邮　编**	100011
发　行	（010）58122255	**传　真**	（010）84049572
承　印	文畅阁印刷有限公司		
版　次	2023 年 5 月第 1 版	**印　次**	2023 年 5 月第 1 次印刷
规　格	880mm × 1230mm	**开　本**	1/32
印　张	8.875	**字　数**	135 千字
书　号	978-7-5169-2491-4		
定　价	69.00 元		

本书赞誉

（排名不分先后）

子勋是国内现当代心理咨询与治疗最早的践行者与推动者之一。更难能可贵的是，他不仅术业有专攻，对系统式和后现代家庭治疗有独到的见解和实践经历，且培养了一批早期的家庭治疗师。同时他在普及心理健康知识，尤其是亲子关系和亲子教育等领域卓有建树，这套书就是见证。

——中国心理卫生协会家庭治疗学组原组长　陈向一

李子勋医生是“中德班”一期最有影响力的家庭治疗学组学员。他对系统思维的热爱和悟性，使他在家庭治疗中国化的进程中勇立潮头、勤于实践，并通过重要媒体让家庭治疗家喻户晓。作为同道中人,我为他这套遗著中的才情骄傲!

——德中心理治疗研究院名誉主席、中国心理卫生协会副理事长　赵旭东广泛阅读、深入思考、创意实践、执着笔耕是李子勋从业多年的突出特点。在跟子勋一起学习、阅读、咨询、教学和切磋的过程中，我为他严谨的学习态度、广阔的思考维度、灵动的实践手法和宏大的书写叙事方式所折服。他对中国心理学服务社会和民众的进程起到了推动作用，也对我个人的发展起到了榜样的引领作用、朋友的支持作用。相信他的遗著会继续对心理学行业的发展、从业者的成长产生深远影响。

——中国社会心理学会婚姻与家庭心理学专业委员会副主任委员、德中心理治疗研究院副主席　刘丹

子勋是个奇人，也是一个凡人。他既有长者的睿智，也有孩子的童真。在他身上，清纯与深刻融合，传统与现代汇通。子勋是医生出身，投身心理学，涉猎哲学、教育学、社会学等诸多领域。他以家庭治疗发端，潜心实践于心理治疗技术，后又在后现代领域深耕。读他的书，像与他对谈，温和的话语犹在耳边，清朗的形象跃然纸上；读他的书，就是自我觉察和自我成长的过程。愿读者读子勋的书，做更好的自己、做更好的父母。

——首都医科大学临床心理学系学术委员会主任、教授、博士生导师　杨凤池

子勋的书饱含智慧，平和而睿智，温情又直指人心。他是中国心理学界的思想者、心理健康科普的先行者，更是临床实践的探索者。本书系是他留给我们的宝贵财富，可在个人成长、亲密关系、职场、育儿等方面，为我们答疑解惑。

——中国心理学会婚姻家庭心理与咨询专业委员会副主任委员、同济大学附属东方医院临床心理科主任医师　孟馥

这是一位温暖的心理咨询师写出的智慧话语，是我直到今天所看到的最合乎道家思想的心理咨询。没有强求与说教，只有尊重和关怀。子勋虽人已离世，但他的著作还在继续助益着更多的人。希望读者不要错过这套好书。

——中国社工联合会心理健康工作委员会意象对话学部主任、中国社会心理学会生态与环境心理学专业委员会副主任委员　朱建军

读子勋的书，不免让人想起子勋其人，我的脑中不期而然地跳出这些词汇：哲人、文人、心理学人、生活中的人。他就像是他自己常说的“混沌体”，浑然天成，在世间呈现出独特的“自组织”状态，为无数心灵带来清新和扰动。

——中国社会心理学会婚姻与家庭心理学专业委员会主任委员、北京大学临床心理中心常务副主任　唐登华

很幸运，我们这个时代曾拥有过李子勋老师这样一位对寂寞人心总是能送来慈悲慰藉的心理大师。李老师于我，是亦师亦友的前辈，是我心理咨询师生涯之路的领路人，也是无数人心灵泥淖中的灯塔，他曾点亮过我们，也期冀借由这套书，我们能从中汲取力量与智慧，去点亮更多的人。

——家庭治疗学派知名心理专家　青音

李子勋老师把心理学理论变成人们可以感受到的心态和情绪，既有专业的力量，也有人性的呵护，从而更好地提供心理帮助。李子勋老师的经典书系就像他本人一样温和地滋养你的心田，让你不知不觉就发生了变化。我喜欢这样的方式，它让我积极地看见自己。

——中央电视台《心理访谈》节目主持人　阿果

推荐总序一

妙不可言

在多难与兴邦之间，无数人才凋零。幸运的是，许多领域在历经浩劫之后仍有种子一般的少数卓越人物幸存，使得该领域在外环境好转之后，得以迅速复原和发展。

在中国心理咨询及相关领域，李子勋就是这样一个人物。

公众熟知李子勋，先是因为中央电视台的节目《心理访谈》。在这个节目里，他将漫长而艰难的心理干预过程凝缩在很短的时间里，展示了非凡的勇气和功力。节目持续数年不间断地播出，至少产生了三个效果：一是让很多人知道，自己如果有了心理上的问题是“求助有门”的；二是不少专业人员通过看这个节目学习心理咨询技术，这虽然不是正规的学习途径，但在那个专业培训机会稀少的年代，总比不学习要好；三是把许多年轻人带入了心理咨询这个行业，扩大了专业队伍。

后来，大家在《心理月刊》杂志上更多地知道了李子勋，这次是通过他的文字。每一期《心理月刊》的封面上都有他的专栏“问问李子勋”的内容标题。翻开杂志的第一页，就是他以回答问题的形式写就的文章，每一篇都十分精彩。中国心理卫生协会精神分析专业委员会主任委员仇剑崟博士读后评论说，李子勋是一位真正的“思想者”。作为系统式家庭治疗学派中的一员，李子勋能够得到另外一个学派领军人物如此高的赞美，业内人士都知道这相当不易。

我认识子勋是在 1997 年的中德心理治疗师连续培训项目中。他在系统式家庭治疗学组，我在精神分析组，虽然不常打交道，但仍然能感觉到他在集体中如明星般的存在。这个培训结束之后，我们有过数次或长或短的交流，每一次都令我印象深刻。

2007 年的一天，我在深圳的一个露天餐馆里和朋友聚会，得知子勋当晚要和一位著名作家做访谈。该作家以反叛著称，异常聪明，对人性有深刻洞见，所以我有点担心访谈出现什么不利于咨询师的后果。我发短信问子勋：你对访谈有什么思路吗？过了一会他回复说：没有思路，只是看看他需要我帮什么忙。我看着这句话沉默了好久，心想：这实在是太高明的姿态和太稳妥的思路了，以这样的状态做访谈，将永远处于不败之地。这样想了之后，我又立即在心里把自己鄙视了一下：做个访谈首先考虑的竟然是胜败得失，比子勋差远了。

还有一次在杭州，一群专业人员闲谈。有人问子勋做《心理访谈》节目的感觉如何。他回答说：刚开始的时候有些艰难，遭到一些同行的攻击，但自从奇峰为我们说了一些话之后，压力就小多了。我的确在很多场合中说过，对他们的节目只有四个字的评论——功德无量，但我的支持产生的效果显然被他善意地夸大了。

和子勋打交道，我对他身上展现的阿尼玛特质既嫉妒又防御。嫉妒是因为他竟然可以如此坦然地接纳自己的这一部分，而我一直试图压抑它；防御是因为我害怕自己身上被压抑的阿尼玛特质被子勋唤起，使我要为人格的震荡付出太大的代价。

在本书系里有这样一段话："理解流动的感觉与凝固的字词之间存在的不同，理解生活的复杂与分类学的简单之间的不确定性，理解知觉中的现实与认知选择和重建中的现实之间的差异，心理学才算入门了。"说得异常精妙。而且，如此旗帜鲜明地画下专业上的及格线，相当于直接攻击了许多同行，阳刚之气跃然纸上，令人有高山仰止之感。

"妙"字也许代表了让心理治疗产生效果的所有重要因素。它似可言说，又似不可言说。妙最早的写法是"玅"：左边的"玄"是指从显性世界认知隐性世界的临界面，相当于精神分析中所谓的意识和潜意识的边界；右边的“少”的上下两部分都有突破临界面之意。心理治疗的目标就是要使意识向潜意识突破，以扩大意识的范围。主体间性精神分析理论认为，医患心灵的相遇就是疗效产生的机制，对这一时刻的描述，千言万语不如一个“妙”字。也许，以后督导师在督导时必问的一句话是：能不能说说，你和你的来访者之间发生过哪些妙事？

子勋的文章，除了妙语频出，还经常会有一些新的词汇，让人有春风扑面、神清气爽的感觉。比较而言，包括我自己在内的一些同行，学问做得稍有些僵化、腐朽之气。写到这里，我非常希望有一个能够跨越阴阳两界的网络工具，发信息告诉子勋很多人在想念他。

我猜他不会回复。因为他该说的已经在这套书里说了，或者他已经到了“此心光明、亦复何言”的境界，又或者他在那年离开我们的时候，就知道自己在某种意义上已经不朽。

曾奇峰

2023 年 3 月 21 日于武汉东湖

推荐总序二

吸收养分，为自己而活

李子勋老师离开我们快五年了。我还会常常想起他和煦的微笑。想到他在创造力最丰饶的年纪与世长辞，作为后学者感到深深痛惜。借着给这套作品写序的机会，我得以重新感受到他的生命力，这让我获得了一点安慰。

十多年前，李子勋老师是中国大众心目中最负盛名的心理学家，恐怕没有之一。这得益于《心理访谈》节目的热播。这档电视节目第一次把心理咨询普及到了千家万户，让很多人领略到它的价值：春风化雨般的对话，四两拨千斤地承接情绪，犀利而不失尊重的探问，睿智的比喻，给出意料之外的回答。在那个年代，因为李子勋老师出色的工作，大众对心理学有了初步的信任。

除了咨询工作以外，李子勋老师也笔耕不辍，用文字的形式抚慰当代人的内心。他写的文章就像他做咨询一样，没有专家的架子，用老百姓喜闻乐见的语言，设身处地理解对方的烦恼，给出恰到好处的回应。

现在看李子勋老师的作品，我仍然觉得他的理念是超前的。哪怕是看似随手写就的小品文，那些感触和机锋都包含了前沿的身心健康理念。李子勋老师受过严格的系统式家庭治疗训练，对复杂系统的敬畏、自组织过程的洞察及后现代哲学的灵活运用都深入骨髓。他的很多文章对专业工作者来说都有学习的价值，相信普通读者亦能感受到其中蕴含的朴素的智慧和哲理。能够把系统式家庭治疗的观念用如此“雅俗共赏”的方式讲出来，这是多年临床功力的体现。

在李子勋老师的文章中，体现了这样几个突出的理念：

第一个是通过后现代的解构，消解了传统心理学诊断对“心理疾病”权威、僵化的定义，转而致力于拓展个体的生命经验。他在文章中把生病说成是一种生命状态，把疾病看作另一种形态的健康。他说，如果把疾病和健康对立起来，身体一有风吹草动我们就会害怕；而如果相信疾病是健康的一种状态，我们甚至会乐于保留一些小病，来获得更有效率的生活。你听，这语言多么洒脱——乐于保留一些小病。像李子勋老师这样科班出身的医生，能拥有如此灵活的健康观，是难以想象的思想探险。在他的笔下，生命充满了各种各样的色彩，没有任何一种体验是碰不得的禁忌：双相情感障碍叫作“双向情绪色彩”，是两种生命体验的周期性更迭；强迫症来自“很强的无中生有的创造力”，有症状者“善于抓住一闪而过的念头”，是内心的哲学家；抑郁是一位替我们表达深层愤怒的朋友，它有破坏性，同时也在保护我们的利益，我们要学会接受它的保护。

第二个常用的理念叫作自组织。这个名词来自复杂科学，是指用系统视角看待宇宙万物，大到星辰运行，小到细胞分裂，系统无时无刻不处于自发的变化中，又以变化的形式维持着某种“稳定”。系统的变与不变都遵循它自身的智慧，而不以人的意志为转移。理解了这一点，我们就知道，在生命体验中，有很多事情不需要刻意为之。李子勋老师对心理治疗和家庭教养都抱有这种无为而无不为的理念。他认为，人的成长就是与宇宙万物调谐的过程。患者也好，儿童也罢，需要的不是被某一套特定的规则“驯化”，而是找到一种更具有适应力的、顺应自然规律的生活状态。就像很多疾病不用刻意吃药，只要吃好睡好，心情愉悦，一段时间之后就会痊愈。身体会以自组织的方式照顾自己。伤口在愈合，小孩会长大，原有的矛盾会被消化，新的问题又在不断产生。人可以融入世间万物的变化中。这种智慧常常比自以为是的“人为干预”更为高明。

作为心理学家，李子勋老师不只从个体视角理解心理，还关注历史、社会和文化建构。这种“大系统观”的理念也相当超前。他认为，人们的很多问题只是被“外界”定义成了问题，心理学家的任务与其说是“解决”这些问题，不如说是帮助每一个人接纳自身的生命体验，再让他看到它如何与外界框架发生冲突，探索一种让自己感觉舒适、安全，有助于发挥自身潜能的文化建构。他在身体力行地通过写作为当代人提供更丰富的文化选择。在《安全感源于我们选定的文化》一文中，他写过一段话，用以描述人们获得自我和谐的文化观念之后的体验：“什么人都敢爱，什么事都愿意做，什么地方都想去走走，品尝着生命自由的感觉。”我觉得，这段话正是李子勋老师真实生命状态的写照。

在 21 世纪最初的十几年里，心理学在国内还是一种舶来品。随着我们在经济和文化上与世界不断接轨，中国人开始对这门用西式的科学框架阐释内心经验的学科怀有普遍的好奇。好奇带来了敬畏，敬畏又催生了误解。“心理咨询师”成了人生导师。很多人不再信任内在的体验，更愿意把诊断分析式的名词套用在自己和他人身上，从而限制了体验的广度，甚至带来了麻烦。有些心理疾病恰恰是被过于教条的理论“创造”出来的。值得庆幸的是，时代最终选择了李子勋老师这样的实践家。他用游戏人间的语言，给专业工作者和大众松绑，鼓励他们回归自身的体验，活出自在的样子。

本书系中的每篇文章都是极好的例子，显现出如何将一门学问纳入更饱满的生命状态，而不是画地为牢、为其所限。文章信手拈来各种奇闻轶事、诗歌、戏剧，就像天上的云，桥下的水，尽可为我所用。

读完这些文章不禁感慨，我忍不住把今天和十几年前相比。今天的社会变得更成熟，也更高效，新技术和知识层出不穷。就心态而言却好像比十几年前更紧张了一些。今天专业划分越来越细密，心理学也有了一种更森严的气象。诊断式的语言正在普及，人们提及创伤、原生家庭、抑郁症，常常会谈虎色变。很多人在提到婚姻和家庭时，首先感到的是恐惧。伴侣之间该如何相爱、如何沟通、遇到矛盾该怎样对话，都需要模板和框架。年轻的父母比十几年前更渴望获得科学的育儿指导，生怕孩子从起跑线上就落后于人。整体而言，今天的人似乎更不愿意相信自己的本能：不需要那么多知识，就能自然而然地把生活过好。

这种时候，重温李子勋老师的文章，还是可以获得很多慰藉。斯人已逝，但他留下来的声音仍在提醒我们：不要迷信任何人，对一切经验保持开放和自由；接纳生命的不确定性；欣赏你自己，欣赏每一个个体的独特性。很幸运，在心理学刚进入中国的年代，这一代人曾受到李子勋老师的关照，带着一份自信且自如的心态迎接这门学科，从中吸收的每一点养分都用来为自己而活。

谢谢李子勋老师。

李松蔚

2023 年 3 月

推荐序

温和中的慈悲

李子勋，著名心理治疗师，中德班第一期成员，于2018年10月24日凌晨因病辞世。

温润如玉，貌如其人。

转眼子勋离开我们已经四年多了。我和子勋结识于中德班，他是一期家庭组的学员，对精神分析、哲学社会学的研究都很有造诣，并且有自己独到的观点。每次见面，我都会看到他那标志性的永恒少年般的笑容。

2016年德中心理治疗研究院成立二十周年，子勋的身体已经处于长期静养状态，但他还是赶来武汉做主题发言。会议前因我有其他行程，所以提前去见他，敲开他的房间和他打招呼告别，谁知这竟是最后一别。

记得房门打开时，光线从他背后照出整个轮廓，子勋就微笑着站在那里，这一刻的印象就长久地定格在我内心……

我不由想到荣格的阴影，子勋是生活在自己的疾病的阴影之下的啊，想必有很多由此产生的体验被用于治疗别人。一个总是很温和、带着微笑说出箴言的人，内心该是对人性的阴影有多深的体验啊。

记忆回到2006年前后，我和奇峰、子勋因为一些合作经常见面，那时他已经是中央电视台《心理访谈》节目的常驻专家。子勋告诉我们，他已经离开他就职的医院，他就是要做让大众了解心理治疗真正是什么样子的事情，那个时候他已经在做电台、电视、出版和培训，我很好奇他的培训重点是后现代，这个转变是如何来的。

当时美国的安德森（Anderson）女士在国内讲后现代家庭治疗，我也请她到武汉讲过几次，所讲内容从结构到解构，从正常到重症。在我的印象中，解构需要丰富的知识积淀，它似乎是宇宙中的星星，散乱明亮地存在并且能够被看见。

子勋后期讲解构，也许最能符合他内心浪漫的特点吧。

现在，子勋离开了。他终于摆脱了身体上的痛苦，留下了微笑和很多温和的记忆。

温和是我们这个时代的稀缺品。温和的人可能对人性有很深的体验。在内心中，温和源于一种对众生的深深的慈悲感。

现在我们看起来在悼念子勋，实则是子勋在天上温和和带有几许调侃地笑着看着我们，而我们还要继续花点气力活下去！

施琪嘉

2023 年 3 月 24 日写于泉州

目录

第一章　体验越多，生命越饱满

你心中的你 // 003
做梦是一种自我唤醒 // 006
你并非在跟着"感觉"走 // 011
体验越多，生命越饱满 // 014
恐怖是潜意识中的快感 // 017
你失去的不是快乐，是体验快乐的能力 // 021
"假想敌"是一面镜子 // 023
"活着的意义"是文化对人的一种精神压迫 // 026
别被直觉误导 // 029
安全感源于我们选定的文化 // 033
喜欢破坏规则 // 036
巧用自我暗示 // 039
你有助人者情结吗 // 041
善于把持自卑是一种智慧 // 045

从众和缺乏判断力是两码事 // 047
现实在左，精神在右 // 049

第二章 生病是生命的一种状态

送走抑郁症 // 055
生病是生命的一种状态 // 059
真正的“遗忘”是彻底接纳 // 063
与强迫症和平共处 // 066
如何让自己脱“瘾”而出 // 070
快乐有时需痛苦相伴 // 073
告别“依恋饥渴” // 076
厌食背后的秘密 // 079
善待抑郁 // 082
积极释梦带来积极心情 // 085
莫把宠物当情人 // 088
家有同性恋老公 // 091

第三章 想象助你度过困境

想象助你度过困境 // 097
从不叫他爸爸 // 099

为什么潜意识会抵抗婚姻 // 101
自由自在做自己 // 104
生命是一个人的旅程 // 106
你不是被他珍惜的那个人 // 108
何谓自我探索 // 110
学习让情绪自然地表达 // 112
把爱还给自己 // 114
怎样摆脱父母的控制 // 116
莫让遗憾成瘾 // 118
如何“助人自助” // 120

第四章 不执着对错，心才能自由表达

不执着对错，心才能自由表达 // 125
你害怕被拒绝吗 // 127
自言自语是一种“带响”的思维 // 130
好朋友是一个大嘴巴 // 133
别跟“恋母”的他谈恋爱 // 135
婆媳自然是天敌 // 137
你的潜意识在期待什么 // 140
情绪的双向性是一种常态 // 142
识人是学问 // 144

千万别把婆婆当妈 // 148

第五章　寻爱途中，你爱上的可能只是自己

从女人的婚嫁看女人的安全感 // 155
如何在失恋后保持清醒 // 159
寻爱途中，你爱上的可能只是自己 // 163
有没有始终充满激情的爱 // 166
超现实主义如何找到真爱 // 168
给爱情加点儿幻想 // 170
情爱的两端 // 172
柏拉图式的爱情需要时空的距离 // 174
嫉妒是爱情中最辛辣的调味剂 // 176
爱被夺走，如何破茧而出 // 178
让爱情自由呼吸 // 181
在爱中重建自我 // 183
恋人拒绝亲密为哪般 // 185
你如何对待过去就如何对待爱情 // 187
爱不是一种平等回报的交易 // 190
在爱中保持自我 // 193
放弃控制才能自由享受爱情 // 195
你有亲密焦虑症吗 // 198

第六章　婚姻是“自我”走向完形的过程

维持婚姻的到底是什么 // 203

怎样面对老公的窥探欲 // 206

懒老公是否要改造 // 209

热情保鲜的秘诀 // 212

这样做，让小丈夫变成大男人 // 216

让婚姻远离冷战 // 218

你会背着老公存私房钱吗 // 220

为越界打一支预防针 // 222

婚外情感需求 // 224

情感可以很多元 // 228

与情感依赖症说再见 // 232

如何拉回在网上偷情的他 // 236

他为何不能对你敞开心扉 // 238

爱需要守卫 // 240

婚姻是“自我”走向完形的过程 // 242

附录　我的心理咨询之路 // 246

第一章

体验越多，生命越饱满

客观世界是硬的，内心的现实却是软的。人们共同观察到的物体是一个客观实在，当离开这个物体去向别人讲述时，人们只能讲述物体留给自己的内心印象，这个印象因人对物体的观察不同而不同，因人被物体引发的感受不同而不同。这个被感受的物体已经不是物体本身，而是一种认知的结果。

你心中的你

我们了解的自己是真实完整的自己吗?

日本大导演黑泽明的电影《罗生门》讲述的是人的眼睛会受到观察者的立场与私心的影响，看到的事实不一定是真的。许多人过于相信自己的眼睛，认为眼见为实，耳听为虚。其实人的认知有一种选择功能，这跟人的内心有关。内心美好的时候，一切看起来都美好。内心需要的信息总是率先被提取,不需要的或不知道的东西你可能视而不见。佛家说:“心中有，眼中才有。”有时候人对现实的烦恼并不是因为现实有多么糟糕，而是因为自己总选择糟糕的信息，同时也缺乏让自己快乐的能力。

人们往往会把自己的感受等同于别人的感受，这是造成人与人之间交流困境的另一个原因。苏轼的诗:“横看成岭侧成峰，远近高低各不同。不识庐山真面目，只缘身在此山中。”讲的是同样的道理。两人的关系中存在一种微妙的情景，“你心中的他，他心中的你”，交流是在各自的内心印象中进行的。你心中的他是你的一部分，他心中的你是他的一部分。这个你与他的存在有关，自动生成，这个他因你的存在而不同。明白这一点有极大的益处，至少我们会明白，与不同的人交往、在不同的环境中我们会不同。古语说:“见人说人话，见鬼说鬼话。”说人话的人和说鬼话的人既是自己又不是自己，都只是自己的一部分。同样，内心的你也不是你，正如镜中的你不是你，而是你的一个投影一样。人对自己的感受也是不客观的，一件事会给人带来很多的感受，能觉察的感受一定跟你认知的选择有关。

人不知道自己是谁，能理解的只是自己的一部分，这跟年龄与经历有关，跟审美与价值取向有关，也与所处的情境有关。我经常打趣那些追求“自我成长”的朋友们，其实你并不是成长了，而是知道了你不知道的自己，那些东西本来就在你的生命中，你只是重组了你的内心现实。经常听到人们后悔曾经所做过的事，后悔不能改变过去，这只是一种自我疗伤。那时的你不是现在的你，用现在的你去评价那时的你是不客观的。没有过去的你经历那些让你感到后悔的事就不会有现在的你，曾经历过的人和事都构成今天的你。同理，此时此刻的你也不可能对未来的你做出正确的判断，唯一可以把握的就是当下的你竭尽全力去做你喜欢的事，读更多的书，体验更多的生活，确保彼时彼刻的你更加睿智、丰富与可爱。

如果我们对过去发生的事情耿耿于怀，不能释然，那么问问自己："如果那件事对今天的我有一个好处，那是什么呢？"如果我们遇到一件烦心的事，我们也可以问问自己："假如这件事是我必须要经历的，是我生命的一部分，那我该如何去珍惜？"中国文化蕴含着不少佛学思想，"命中注定"是一种有效解释，如果注定是这样或那样，那么这件事对我们的生命来说就是重要的、不可或缺的。

做梦是一种自我唤醒

为什么我总会做梦呢？做梦意味着什么呢？

一个好的释梦者首先应该是一个知识渊博的人，有丰富的生活阅历，经历过人生的跌宕起伏、艰难困苦，具有大的善良（慈悲心）、宽容（容忍心）、关怀（感恩心）。

作为一名医生，我知道睡眠和做梦都是科学难解之谜。人类有两个有关睡眠的问题没有解决，第一个问题是：人类为什么需要睡眠？睡眠的真正意义在哪儿？有一种说法是，哺乳动物需要睡眠或冬眠是因为它们要节约热量。当食物资源不够的时候会吃不饱，睡觉可以解决这个问题。睡眠也代表了一种生命的节律，正如潮水涨落、星际运行，肌体也需要休整和更新。第二个问题是：人为什么要做梦？睡眠分两个阶段：从轻度睡眠（半睡半醒）、中度睡眠（睡着但易醒）到深度睡眠（睡得很沉），这是非做梦睡眠(NREM)；然后是做梦睡眠(REM),人的眼球会不自主地运动，大脑皮层活跃，此时就会出现梦境。两个阶段交替出现，前者占整个睡眠的60%~70%,后者占30%~40%。

做梦睡眠是很重要的，生理研究显示，做梦是一种生命的警觉。人的体温靠肌肉与内脏运动获得，心跳和呼吸的维持也需要延髓下中枢的网状组织保持内外部信息刺激。人不能睡得太死，人在深度睡眠的时候体温会下降，心律、呼吸会减慢，当体温低到不能再低，心律、呼吸慢到不能再慢的时候,人的生命实际上处于缺氧的危险边缘,稍稍一冻、一闷，人就死了。所以在寒冷饥渴的情况下，人不能睡觉，睡着后体温更低，心律、呼吸更慢，人会死掉。

我猜想，做梦就是一种下意识的自我唤醒，做梦时肌体跟醒着时一样，心律、呼吸恢复正常，肌肉收缩，内脏运动，体温随之上升，血液含氧量增高，人就脱离了危险。古人曾把睡眠看成是假死，灵魂出窍留下一副空壳。由于不知道自己是否还会醒来，古代人睡前要充满虔诚与畏惧地整理好自己的衣物，留下必要的托付才敢去睡。怕死的人一般都有睡眠问题，原因是放不下。想睡得好就得放下一切事情，身份、财富、安全乃至生命，回归生命的朴实。

医学不轻易诊断失眠症，因为，除非你的大脑有器质性损伤，否则大多数失眠都是心因性睡眠失调。在强制性睡眠剥离实验中，科学家发现，人可以像猫头鹰一样，大脑与机体的某些部分轮番休息。脑电图会看到大量的睡眠波混杂在清醒的脑波里，同时也发现被试者睁着眼睛也可以做梦，睡眠剥夺只是让普通的睡眠丧失了，做梦睡眠却难以禁止。人的睡眠很像人的胃口，是可以调节的，最常见的就是“三班倒”的工人与换时差的旅人，只需三五天，身体对睡眠的需要节律就发生了改变。抱怨失眠的人不要轻易服用药物，要注意调节自己睡眠的行为、方式、时间。只要坚持一阵子，睡眠问题大多能改善。在生活中，我们也会获得这样的经历：在一个地方睡不好，换一个地方就睡好了。我们还有这样的经历：如果重要的工作让我们一段时间睡眠过少，一旦工作完成，我们的睡眠就会增多，身体会把需要的睡眠补回来。

睡眠需求不是意识的，而是身体的，一个人可以暂时地强迫自己不睡觉，却不能长期这样，而且该睡时不睡也得不到真正的清醒。熬夜的人只能从事一些机械的活动，如行军、看门、手工等，做不了复杂精细的事情，思维也非常迟钝，因为大脑已经睡了。往往是半梦半醒的状态让人有一种类似清醒的感受，支持着人们做简单的事情。“头悬梁，锥刺股”是一种顽强学习的精神，但靠不睡觉或少睡觉来学习是得不偿失。在生物实验中，科学家发现缺乏睡眠只是感觉肌体疲劳，缺乏做梦却会出现精神崩溃，甚至身体衰竭。再也不要抱怨做梦了，你为什么还活着？就是因为你还能做梦，有一天你真不做梦了，离死也就不远了。

做梦有诸多好处。一个有趣的现象是，补充的睡眠基本以做梦为主。医学认为，做梦睡眠是更有价值的睡眠，做梦的时候腺体分泌、身体发育、大脑神经活动、肾排尿、肠道蠕动、肌体新陈代谢。美国的神经学者认为“梦是对白天记忆的梳理与储存”，做梦把信息转换成一种可以储存在肌体里的东西，做梦少的人记忆也不好。中国养生学认为，健康的睡眠是不做梦或少做梦，这可能是古人对梦的一种误解。很多人感觉自己失眠，不是真的睡得少，而是睡眠感觉缺乏。睡得轻的人因为部分意识、身体感觉还有，外表看起来是睡着了，自己却感觉一切都知道。很多人觉得自己一夜未眠，在脑电波研究和录像中却发现睡眠波与睡相并不少。失眠的人把清醒的意识与做梦的情景混杂起来，感觉自己的大脑没有得到休息。深度睡眠时人不会做梦，由于肌肉松弛，特别容易打鼾。刚入睡的时候不怎么做梦，越到清晨做梦越多。若与打鼾的人同一房间，只有等他做梦的时候鼾声少了你才能睡得着。做梦的时候肌肉可以收缩，呼吸道就通畅，鼾声就少了。做梦的时候人的睡眠比较轻，类似于半梦半醒，周围的声响会自动编织到梦里。很多人抱怨自己整晚都在做梦，这是不可能的。人能否知道自己做过梦要看他从什么样的睡眠中醒来，如果从做梦睡眠中醒来，会感觉自己做过梦；从非做梦睡眠中醒来，就不知道自己做过梦。有的人对梦不在意，所以不容易觉察自己做梦；有的人在意自己的梦，仿佛内在就有一种监视系统时时提醒自己在做梦。我做了心理医生以后，因为要释梦，内心有这样的期待，结果每天我都能记住一两个梦。

心理学有一种“孵梦”的技术，即把你渴望得到梦的启示的事写下来，摆在床边，睡前细细阅读，早上醒来先别动，拿起这张纸想想，昨夜相关梦的一些片段会在大脑里浮现，用笔记下这些片段，然后起床干自己的事，等晚上上床的时候，再拿起这张纸慢慢回忆，梦的更多情景和内在的关联就会清晰显现，这时你就可以记录下一个接近完整的梦了。几乎所有的心理医生都曾对自己的梦做过长期的分析，这种训练在于发展对梦的敏感，提高分析梦的技术，要注意的是，不要把对自己的梦分析的结果应用于别人的梦，每个人的梦都有自我的特色，需根据来访者自身的状态去联想。社会上有许多“解梦工作者”，其实梦境并没有特定的意义，梦是一个工具，跟沙盘游戏一样，你不能假定有什么就是什么。关键是利用梦的素材来投注来访者心里的困境，并以心理学的技术引导来访者找到问题的症结，寻找问题解决的方式。

你并非在跟着“感觉”走

人的感觉分为多种，如何区分这种感觉是来自更高智慧（直觉）的指引，还是来自从小形成的一种固定思维模式、行为模式的引导？

“跟着感觉走”说的感觉不是认知科学中单纯的感觉，而是把感受 (feeling)、理解 (understand)、经验 (know)、选择 (choice) 汇合在一起的一种认知系统。感觉是人与自然界、外部世界产生连接的必由之路，感觉不到的东西，人是视而不见、听而不闻的。

不过，“感觉不到”不是因为人的身体不能接收外部信息的刺激，而是我们的认知不能理解也无法选择。因为感觉是弥散的、流动与变化的，不能确定也无法把控，我们试图要觉察并理解自己的感受，认知的过程就随之开始。认知是人对感受到的信息与素材进行选择和强化，并组织成为一种可以指导自己行为、情绪的心理过程与思维结构。心理学在解释“移情”这个词的时候，最初也没有意识到能感觉的东西实际上是感觉者的认知在参与工作。过去的心理学家认为可以通过移情等方式客观地感受和分析来访者的内心，同时也可经由自己的感觉跟随来访者去感受他的世界，现在的心理学家不再这么认为了。

一个人能够感觉的东西受制于他成长中曾有的感觉经验和关系经验，关系不仅是人和人的，也包含人与自己、人与社会，以及人与自然这几种重要的关系体验。这些经验素材经由儿童的自我探索会选择性地重复一些有效反应方式（行为、情绪），放弃一些不成功的或无效的反应方式。随着成长，儿童会慢慢形成一些相对固定的心理、情绪、思维与行为方式，并从中获益。每个人都会因为这些经验的不同发展出适合他的知觉结构。可以说，人的知觉特征差不多就是他的性格特征及为人处世的特征。

人的知觉方式很大程度上受到早年母婴关系中回复式双向互动的影响，相互的心理投注与内化让孩子获得亲密感、自尊和自信。3 岁以后，儿童在人际关系中的体验（儿童游戏、幼儿园）会影响他成年后的社交倾向与对他人的基本态度。5 岁以后，儿童生活在什么样的社会现实里，这些体验会影响他对社会的情绪、认同与态度。同时，从小与大自然的相处关系也影响着人对自然的喜爱与感知能力。可以这样说，“能够理解的感觉不再是感觉，而是知觉”；也可以说，“不能理解的感觉不是感觉”。所以说，纯粹跟着感觉走既不可能，也不现实。

体验越多，生命越饱满

我总是会后悔自己做的选择，怎么能避免这种情绪呢？

在整个生命过程中，体验越丰富的人生命也更加饱满。存在主义认为，生命永远是不满足的，正如运动员总是以失败告终，不管他曾有过多么辉煌的历史，总有一个高度他难以逾越。当一个人离开人世的时候，他不会后悔自己做过什么，因为做过就是生命的获得，他只会后悔那些该做而未曾去做的事情，因为已经没有机会再去获得了。

假设有这样一个人，他到过世界的任何地方，甚至有乘坐宇宙飞船上天的经历，品尝过全世界所有的食物（美味的与难以下咽的），接触过所有不同文化下生活的人群，谈过无数次恋爱，从事过许多职业（包括战场中的士兵与流离失所的难民)，有过许多身份（穷人、富人、高官、显贵、精英），有过很多次婚姻，当过父亲或母亲，经历过诸多身体的病痛，那么他一定是他处的那个时代中生命最有价值、最饱满，也活得最有滋有味的人。但是，我们做不到全部，所以生命的度过是一个选择的过程。

谈到选择就需要清楚自己的能力和所处的社会位置，英文说“You can do,you can't do”，你总是做自己能做的事，不做自己不能做的事，这就是对生命的珍惜了。有些你不能做的事不是放弃，而是等着能做的时候再去做，那么你活得就很有效率。可惜的是，我们经常给自己一个根本就不可能实现的期望，以为靠自己的努力就一定能办到，结果是希望有多大，失望就有多大。但这也不算虚度，毕竟每天你都在感觉，每天你都在喘气，你身体里的每一个细胞都在旺盛地代谢着、自我更新着。

有效率的人有一个特点，会给当下要做的事情排序，重要的、次重要的、不重要的，一切行动与精力先确保重要的事情完成。没有效率的人总是同时给自己安排好几件事，家庭、事业、赚钱、爱情、游玩一个都不能少，结果往往是遗憾。聪明的人每年只给自己安排一件必须完成的事。有些人为了徒步去旅游，选择放弃工作、不惜金钱，即使没有钱，也要尽可能畅游天下，这是把游历看成是最重要的。有些人一心工作挣钱，为此放弃社交、旅游、恋爱，这是把发展自己看成最重要的。最无效率的是手里做一件事，心里想另一件事，做了这件又遗憾那件，脑袋里都是一些矛盾的、双向的纠结。

我们真的需要改变一下对待生命的态度，珍惜每一个当下，但不要轻易评价曾经度过的时光，因为此一时彼一时，今天无法客观地评价昨天。相信所有的过去你都做了正确的选择，相信所有的今天你都在珍惜，还要相信所有的明天你都会竭尽全力去努力，那么你的生命就会一直是充实而愉悦的。在生命结束的时候，人们只会后悔那些本该做但未曾去做的事，不会后悔那些做过的、体验过痛苦并快乐的事情。你体验过等同于你活过，人不会嫌自己活得多，只会嫌自己活得少，所以体验越多，生命越饱满。

恐怖是潜意识中的快感

我很爱看恐怖片，但每次看完后都要害怕好几天，但又控制不住地想看。

人类无意识地想重温蛮荒时代祖先普遍体验过的恐惧情绪，社会发展让人类获得极大的安全感，但恐惧的情绪依然深藏在人的骨髓中。看恐怖片是让这样的情绪得以释放的合理出口。任何情绪的堆积都会让人变得不开心。快乐也是一种有害的情绪。中医说喜伤心，少壮时就有心脏病的人多半是成功太多的人。恐怖是潜意识中的快感，对恐怖片的感觉几乎是一种跨文化的人类经验。对恐怖又爱又怕是在享受恐怖激发的能量，因庆幸自己还活着而珍惜生命，这也是恐怖片票房经久不衰的原因。

恐惧体验的确是世界性的。早在 100 多年前，著名的生物学家达尔文就发现，哺乳动物的恐惧表情与人类的恐惧表情几乎一样。在恐惧的瞬间表现为：眉梢上扬、瞳孔扩大、眼睛发直、嘴张大、无意识地惊声尖叫或呼吸暂停、憋气、脸色苍白、表情呆若木鸡。更大的恐惧会伴有肌肉的紧张发硬、不由自主地震颤、毛发竖立、起鸡皮疙瘩、毛孔张开、冷汗直流，同时内脏器官功能亢进、肾上腺素分泌、血压升高、思维变慢或停滞，这就是我们俗称的“吓傻了”。体质弱的人还可能出现短暂晕厥，其心理机制是对恐怖情景的一种快速逃避反应，什么都不知道了，恐惧也就不存在了。有的人事后还会出现选择性遗忘，这是对恐惧体验的一种无意识压抑，只有在催眠状态下才能唤起回忆。动物界就存在这种假死状况，旨在回避危险与恐惧。

恐怖过后是快感，人会得到一种解脱感，心情舒畅。全身的肌肉、骨骼乃至精神、情绪松弛、放松，长长地呼吸，内心洋溢着一种绵绵不断的舒适、平和与惬意，安全感、幸福感、满足感接踵而来。这种惊吓过后的舒服、失落后的重获、痛苦过后的快感、死后的再生都是人类共有的最深层的内心感觉模式和最原始的文化与精神的原型。心理学研究中有一种“幸存者”心态。当灾难过去，死神带走了我们身边的人，但我们自己还活着，内心就会洋溢着一种喜悦感。虽然生命丧失带来的悲伤会掩盖这种情绪，但这种潜在的喜悦让人变得更加坚强。回顾生命的发展史我们会发现，所有生命形式都是经历过众多的危难才最终幸存下来，知道这一点人会懂得感恩与珍惜。

每个人潜意识中都或多或少地存在着未解决的恐惧，如对衰老和死亡的恐惧、对危险与丧失的恐惧、对失控或精神错乱的恐惧、对暴露自我的恐惧、对改变与更新的恐惧等。这些未解决的恐惧或多或少地影响着我们内心的和谐，使我们下意识地做一些本不愿、不该做的事。观看恐怖片可以帮助我们体验到内心深藏的恐惧，并尽可能地释放它，由此获得内心的平衡。中国文化认为，人有七情六欲，恐惧正是人类的意识与感觉要素。生活在安全感中的人，恐惧感和恐惧的表达被压抑，就需要找一些恐怖的情景来感觉它和释放它。正如生活幸福的人喜欢看悲剧，看似在为男女主角掬一把同情泪，实则在畅心抒怀，顺肠通气；而生活贫困的人们喜欢看喜剧，以此来平衡缺失感，满足他们对成功与幸运的联想。

心理学有一种艺术治疗方法，即让一些有焦虑、恐惧情绪的神经症患者观看恐怖电影、聆听惊悸的音乐或在家中悬挂沉船、火灾、地震等恐怖或悲伤的图片，通过让他们日日面对恐怖场景来释放内心的焦虑，使之不能积聚到可能导致当事人失去正常生活能力的强度。

痴迷恐怖片的人会因为刺激过多而感觉难受。当他们对恐惧已经不再那么害怕的时候，看恐怖片就有点儿味同嚼蜡。美国电影《惊声尖叫》培养了许多胆大、不再害怕的人。由于所有引发恐惧感的电影手法都使用过了，现今的恐怖片导演已黔驴技穷。人对某种恐惧情境体验过后，如果再次重复，害怕的感觉就会大打折扣，所以，看恐怖片切不可接二连三，最好有一个适当的间隔。

当然，每个人内心的恐惧激发都有一定的阈值，这个阈值还可能随年龄的不同、心境的不同而改变。一般说来，恐怖情景有描述上的等级，从小到大排列是吃惊、惊愕、恐怖、惊恐、震骇。有的人在很低的恐怖等级中也会体验到很强的恐惧情绪，这是阈值低；另一些人在很高的恐惧等级中也无害怕感受，这是阈值高。不害怕的人会让人害怕，易于害怕的人让人感觉安全。有犯罪基因的人从不害怕，疼痛感也不强，因此难以与人共情，伤害别人的时候内心也没有不适感。俗话说：胆小的怕胆大的，胆大的怕不要命的。人有恐惧感是福，因为害怕而敬畏，因为害怕而追求政局稳定、制度完善与社会安全。

你失去的不是快乐，是体验快乐的能力

我认为自己本质上是一个情绪比较消极的人，凡事都爱往坏处想，偶尔的快乐也很快就会消失。我想做快乐主义者，但不知道如何寻找快乐并把快乐留住。

快乐是一种内心资源，不快乐也是一种内在动力。快乐是一种给予，让内心的阳光点燃别人；不快乐是一种吝啬，把好情绪压制在内心，不愿与人分享。不快乐在社交场景中有两种象征意义：让喜欢的人来亲近我，给予关怀，潜台词是“我需要你”；但同时也是让不喜欢的人离自己远点儿，“别来烦我”！太多的快乐让人觉得你没心没肺；太多的不快乐让人感觉你孤僻古怪，好像别人欠你似的。恰到好处的快乐会点亮自己和所有的人；恰到好处的不快乐会控制局面，控制喜欢你的人的心。

持续的快乐是不可能的，因为人的情绪是有起伏的。当一个人感觉快乐的时候，好的情绪在释放并慢慢平复，不好的情绪也会慢慢显现。每个人都有特定的情绪曲线，快乐与不那么快乐总是像水一样流动着，想做完全的快乐主义者去追求并留住快乐是无用的。过度满足和快乐的情绪很快就会转换成挫折与不满。

如果说人的情绪是天生的，那么有三个办法可以帮助人们更多地体会到快乐：

一是让快乐来得和走得慢一些。激情对快乐的消耗很大，也让快乐溜走得很快。有节制的、清淡的愉悦感可以帮助我们更长久地保持快乐与满足的心境。

二是提高对快乐的敏感度。其实，抑郁的人不是没有快乐，而是内心失去了体验快乐的能力。当情绪压力来临的时候，决定把情绪朝向快乐还是不快乐全在于我们对情绪的联想。快乐的人做积极的联想，得到快乐；不快乐的人做消极的联想，得到悲伤。

三是创造可以感受快乐的情境。快乐是专心致志从事一项活动、潜心于一件有回报的事情或创造性地实现一种关系后的副产品。好奇心是快乐的必备要素，探索精神是快乐的源泉，学会去爱是快乐的动力，活在当下是快乐的保证。不可能单纯为了追求快乐而获得快乐，快乐需要付出与创造，就像农民辛劳地播种、耕作，最终才会有收获。

“假想敌”是一面镜子

我是一个比较随和的人，跟所有同事的关系都不错，但唯独对一位同事会无端地产生厌烦情绪，我讨厌她的个性和习惯。其实她人不坏，也没惹我，可我就是看着她烦。这是怎么回事？

为自己找到一个假想敌是一种处理内心愤怒最安全、最省力、最获益的办法。哪怕一个人非常中立和客观，仍免不了受内心好恶的影响。一个人、一个组织，甚至一个民族都会有意无意地把一些内部的愤怒转移到他处，心理学称这样的情绪转移为“负性移情”。人们也会把热情、爱和欣赏投射给另一些事物和人，和他们分享快乐，这是一种“正性移情”。如果你只能通过对同事的无端厌烦来平衡情绪，私下里你应该对她心存感激。真正的厌烦是冷漠麻木、没感觉和不知道。人们对某件事、某个人的恼怒有时混杂着许多完全属于自己的东西，往往是某事某人激发了自己潜藏已久的焦虑，因为潜意识中害怕这种内心焦虑再现，而迁怒于他人、他事。

在我看来，那位同事的某些个性或习惯，正好对应了你内心一直刻意压抑的东西，你厌烦的可能恰好是部分的你自己。每个人的心中都存在着一些个性的阴影，自己难以察觉，你对某个人好或对某个人不好，其实都是内心自我的具体化，类似一种心理愿望的表达。例如，我们都喜欢美丽的东西，心理愿望正是渴望自己也那么美；我们不喜欢丑陋的人和事，因为我们害怕自己变丑陋。与人交往很像是照镜子，你总能发现镜中人的美中不足，喜欢也好，遗憾也罢，那就是你对自我的态度。

敌意有时是对一种关系的依赖，通过攻击让别人感知自己，通过攻击来与他人联结。很多孩子喜欢攻击最爱他的父母，尤其是母亲，这在心理学意义上是对关系的控制。敌意是每个人都有的，有的人不能觉察到自己的敌意，会把敌意投注给他人，从别人的言行中感觉到敌意，以为是有人对他不善，其实敌意是自己的，被投注的人可能浑然不知。有时候内心泛情又自认很道德的人，最看不惯别人好色，看到乱性的事情会很愤怒。这在心理层面上是对自己的一种压抑，让自己觉得自己不是那样的人，有点儿“此地无银三百两”的味道。接受自己的风情，对别人的风情也易于接纳，内心没有风情的人对别人的风情会好奇，但会宽容。起劲攻击别人风骚的人，可能自己有过之而无不及，攻击别人是为了显示自己不是那类人。为什么那么想让自己看起来正派呢？很有可能是自己不正派。学心理学的人一般都不轻易评价别人，你说别人，暴露的是你自己。

一个人敢于无端地对某人不敬也有可能是下意识觉得某人比较安全，他不具备伤害你的能力。正如大国可以随意评论和欺压小国一样，美国到今天都改不了对他国指手画脚的行为，也是骨子里很自大，觉得谁都奈何不了它。真正的斗士是专门指那些尖酸刻薄的厉害角色，谁权威就跟谁抬杠，这才是勇气。临床咨询中，我有时会鼓励来访者保持对某人某事的攻击性，为他们塑造一个敌人。孩子的敌意如果释放给父母，会受到中国伦理“孝”的煎熬，让自己有一种不道德的感觉，为了隔离这种感觉，孩子会编造父母的错，以此让敌意合理化。不恰当地应用心理学会让人们把一切都归于童年父母没有很好地照料自己，让人们对父母的不敬变得合理。在东方的伦理思想下，心理医生要谨慎使用童年创伤的解释。为来访者选择或创造一个安全的敌人以转移其对父母、夫妻、子女、上司的愤怒是一种治疗策略。

“活着的意义”是文化对人的一种精神压迫

我快到而立之年，对事业很执着，小心翼翼地回避爱情，缩减兴趣，吃不好、睡不香，可是我的事业却毫无起色。我找不到生命的意义，也不知道如何面对立业的心理压力？

生活本身就是一种事业，快乐的、健康的、无拘无束地活着就是生命的成功。有一个这样的故事：一个哲学家乘一个船夫的木舟过河，他问船夫：“你喜欢数学吗？”船夫说：“不喜欢。”哲学家又问：“你懂哲学与自然法则吗？”船夫惶恐地回答：“不懂。”“那你失去了生命的一半！”哲学家得意地说。这时候，船被风浪打翻，船夫问：“你会游泳吗？”哲学家紧张地回答：“不会。”船夫悠闲地说：“那么，你失去的是生命的全部！”

我想，不尊重生活本身的需要和生命的自然进程的人，失去的要比得到的多。

爱情、欢娱、享乐、休闲与事业的发展是相辅相成的，它们是你之所以需要事业的内心动力，也是个人奋斗的目的。知道这一点，你一定会发现，在获得事业成就的同时，拥有一段美好的情感也许才是生命乐章中的华彩。在我看来，你小心翼翼地在事业与爱情中做选择，把本来并不对立的事物对立起来，真正的原因可能是你用事业来掩藏自己在情爱中的不自信，这是一种心理防御机制——把内心冲突用升华的方式加以处理。

存在主义说："生命并不需要意义，存在本身就是唯一的意义！"我们为什么需要意义？是我们的文化要求我们这样做。生命本身是依自然法则而存在的，生命的意义却是人类社会的文化法则赋予的。"活得要有意义"是文化对人的一种精神压迫。其实，不管什么人、生活在什么状况下、有多大的能力，他存在的意义与任何人都是同等重要的。错在一些媒体过度崇尚精英文化、拜金主义，没有赋予社会多重意义与多重价值系统。自古华山一条路，不成功便成仁，让没有停留在塔尖的人们失却了内心的安宁。

古人说："能者安邦定国，无能者独善其身。"这两者是同等重要的。社会是一个整体，像一堆沙子一样，有的人留在沙尖上，有的人跌落在底层，这样沙堆才能立起。一部分人富有了，上升到事业的顶峰，需要有另外一部分人甘愿做铺路石，不然社会就会出现动荡。富人们总是利用主流文化使他们对社会财富的占有变得合理，这就创造出价值与意义，让人们困扰在这种意义之中，忘掉了存在的本质。一个真正代表全民利益的社会会把财富交给品德高尚的人来管理，因为他们的操守、无私与智慧会把社会整体导向平和，不会激发人们之间的仇恨。好的社会也要无情地剥夺品德低下者的财富，让他们不能用金钱蛊惑人心、扰乱制度、危害社会。

别被直觉误导

我有种直觉，觉得我的丈夫慢慢地不爱我了，我整天生活在痛苦中。我感觉丈夫身边有别的女人，但又无法证实。我该怎么办？

有人因为依从直觉而成功，有人因为盲从直觉而失败，关键不是直觉本身，而对直觉的解释。直觉是人内心最敏锐、最具有预见性的感觉，它像是一种被扰动惊醒了的潜意识，因而它的可靠性不容置疑；但它又是一种原始的、不定性的感觉。它要上升为一种真切的感觉，需要感性、理性、经验、因果思维、是非观念来帮忙。这些东西会形成一种内在逻辑，使你不由自主地猜想、判断、解释，进而演绎、联想、结论。这个时候，直觉已经被篡改，它融入了你个人的个性、情绪、心理特征与你内心的观念系统，不再是原来那个很真切的东西。

心理医生坚信："直觉被描述出来就不再是直觉。"因为对直觉的描述不可避免地会加入个人的思考，过分相信被意识修正了的直觉会给你的婚姻生活帮倒忙。假如你允许我来对你的感觉进行分析，我会说："直觉只是告诉你，先生对你的情感有了变化，其余的感觉是你自己的诠释与猜测。"与其说他把爱从你身上一点点地抽离，不如说是你让你的爱一点点地窒息、死亡。读你的问题让人伤感，像是在读莎士比亚的悲剧，感受到命运之中的不可抗力，我们好像是被不可逆的力量控制了。

但作为心理医生，我很清楚地知道，任何悲剧的脚本都印刻于当事人的深层内心。这就像一种"扳机效应"，首先存在着一个扳机，现实中的事件只是触发了扳机，才会射出那发枪杀爱情的子弹。我想，我们需要先作一个假设：你认为老公"红杏出墙"，只是源于你内心中对婚姻的不安全感或对自己的不信任，就像寓言中那个"丢了斧子的人"。现实中，这样的故事的确很多。怀疑是一种无形的力量，这种力量可以一点点地创造出一种"现实"，最终让怀疑被证实。越怕失去什么，结果就越会失去什么，这就是生活不变的哲理。

在所有的婚姻中，男女的情感都有一个自然变化的过程。最初的爱是直白的、有情欲色彩的，以后就开始平和、潜抑、波澜不惊。情感有变化是自然的，几十年一成不变的情感反倒有不自然的僵硬，而僵硬的东西总是不快乐的。

如果直觉感受到“对方不如以前那样爱你”，聪明的女子可能会这样来解读，“我们的爱情正处在慢慢走向平和的阶段”或“情爱是起伏的，我们的爱情现在正处在低潮”，这样的解读不会给婚姻带来困扰。如果对直觉的解释是“他在外边有别的女人”或“不那么爱我就一定是爱上了别人”，那么你就给自己挖了一口烦恼的井。

怎样给自己一个解释是一种重要的、快乐的能力。曾有一个女子来见我，说自己跟丈夫结婚近20年了，丈夫却突然跟别的女人私奔了，净身出户。她的丈夫留下一张字条说：“真的对不起。当初与你结婚是因为被你感动，并没有真正爱上你。结婚的时候我发誓要用实际行动爱你，但20年过去了，我始终没有真正地爱上你。现在我遇到了我真心想爱的女子，我走了，不再回头，希望你不要恨我。”女子在我面前失声痛哭，说：“我这20年真是毫无意义，我爱了他20年，他却没有爱过我一天，这让我太痛苦了。”我问她：“这20年谁更难过呢？”她抬起泪眼看着我，很疑惑的样子。我问她：“你真的爱了他20年？”她点头说：“我对他是一见钟情，他一直是我最心爱的那个男人”。我问她，她的朋友怎么看，她低声地说她的朋友一直不看好这段婚姻，原因是她的爱人很出色，各方面都很优秀，她却不怎么杰出，个子、长相都很普通。她朋友还说：“你把你的婚姻经营了20年真的不容易，现在你的儿子大了，继承了你丈夫的优秀品质与长相、身高，又有房、有车、有足够的积蓄，你还抱怨什么呢？”我回答说：“是啊，和自己爱的人耳鬓厮磨 20 年与和自己不爱的人纠缠 20 年，哪种更让人难过呢？”这女子突然有了一丝笑容，泪水也干了，在离开的时候她对我说：“我会谢谢他。”

换一种解释会换一种心境，快乐的人往往是擅用解释的人。不过，解释并没有对错，哪种解释可以调整好自己就用哪一种，不要在乎别人的看法，只需在乎内心的感受。有个朋友在微博里问我：“先生有婚外情，我当如何面对？”我回答说：“有时候不妨想想，他不是为你而生，你也非他独属，各有各命，今世夫妻，下世路人，珍惜自己就好。这样想不会走极端，也许会生悲悯之心、宽容之念。”佛家把受制于一种让人痛苦又不能放弃的观念称为“执”，很多烦恼皆因人痴迷于一种错误的想法而不得解脱。有个禅学的故事：师傅对弟子说人就一世，没有二世，也无成仙之道；对世人却说行善积德是为了来世。弟子不解，问师傅为何心口不一。师傅说：“你执迷于成仙，我就告诉你没有；世人不相信来世我就说有，这是去执。”

安全感源于我们选定的文化

我觉得自己是一个缺乏安全感的人，但我又不知道怎样才算足够“安全”。

我觉得自己是一个缺乏安全感的人，但我又不知道怎样才算足够“安全”。人类精神世界的发展有赖于两种内心深层的感觉：一是安全感；二是归属感。前者与恐惧（死亡、伤害、痛苦）有关；后者与孤独（依恋、隔离、无助）有关。为了安全感，人类发明了秩序、规则、法律及派生的真理、道德意识和善恶观。为了战胜孤独获得归属感，人类发明了婚姻、社会、国家及派生的哲学、价值体系、美感与爱情。

一般人并不能觉察原始状态下的安全感，它只是一种内在驱动力，一种时时提醒个体保护自己生命的本能。在生物试验中，当危险来临的时候，意识还没有运作，肌体已经自动出现应激反应。举一个很简单的例子——眨眼反应：异物飞进眼睛的时候眼睛会瞬间闭合，眼睫的运动并不受意识控制。还有一个例子是，你到高空准备蹦极，意识让自己跳下去，安全需求的本能让你的腿和肢体僵硬，你不得不反复说服身体蹦极很安全，不然你的身体会拒绝往下跳。

一般能被我们意识到的安全感，或者能被我们解释清楚的安全感已经不是本能，而是一种被我们的文化诠释过的感觉，两者不能等同。能意识到的不安全感是精神层面的紧张，是我们学习过的文化、价值观与内心解释造成的。意识不到的不安全感是躯体的紧张，如突发的、预感似的恐惧，莫名其妙的慌乱和焦虑。当我们的精神在某种信仰、信念的支撑下过度支配生命能量的时候，抑郁或焦虑就会爆发，逼迫人们躺倒在床上。精神不快乐的时候，躯体最需要休息。

我们只能解读文化定义下的安全感。本能中的安全需求是不能解释的，因为任何解释出来的东西已经不是本能本身，而是被文化标记过的东西。为什么人们的内心对安全感会有不同的需求呢？这取决于人的内心存在着什么样的三种基本假定：一是对世界，二是对人类，三是对自己。如果假定世界是美好的、值得我们珍惜的，人类是友善的、愿意分享、互助与亲近的，自己是可爱的、有价值的，那么，内心就比较平和，快乐、乐观的情绪就多，对自我、对他人的要求就比较宽松，也愿意体验不同的生活、欣赏不同的文化。如果假定世界是充满危险的，人类是自私与好斗的，自己是无意义和脆弱的，你就会高度敏感、沮丧、紧张和害怕，你不得不谨小慎微。你会小心恪守某个价值体系、某种规则，不敢越雷池一步，在被你选定的文化强迫下生活，唯恐厄运临头、噩梦缠身。

安全感来源于我们自己选定的文化，不安全感也是被自己选择的文化(价值观、概念系统、道德感)建构出来的，很多时候这样的文化恰巧是主流文化。当我们把疾病与健康对立起来时，身体有“风吹草动”我们就害怕。当我们相信疾病只是健康生命的一种状态，不仅不伤害我们，反倒会提高我们的生命力的时候，我们就会乐于保留一些小病，以此获得更有效率的生活。要处理内心的不安全感，唯一要做的就是检视我们对自我、对外部社会、对人类的基本评价。看看我们行为激发的焦虑和不安全感是我们的意识或内心冲突引发的，还是被我们的身体警觉所唤起的。如果是文化引发的不安全感，选择尝试新的文化与价值系统可能是唯一有效的方式。

当一个人选择的文化观念是多元的、合时宜的、有效的，并与个体相匹配时，一个明显的特征就是身心是协调的，心境是愉悦的，感情是充沛的，体验是丰富的，精力是旺盛的。什么人都敢爱，什么事都愿意做，什么地方都想去走走，品尝着生命自由的感觉。

喜欢破坏规则

我常为自己设定很多规矩——只能这样，不能那样，打破规则会心存不安。

其实没规则就是一种规则，没计划也是一种计划。在许多人的脑海里，计划和规则似乎是一种自己对自己的承诺、一种誓言、一种自律的生活态度。但计划与规则更像是一种生活的游戏，有的人立规则是为了遵守，有的人立规则是为了破坏。前一种人，订计划、立规则总是可执行、可完成的，他们的内心承受不了对自己的失望；后一种人喜欢订一些显然是实现不了的计划，表面上他们渴望超越自己，潜意识中是反复挫败自己，让自己慢慢地改变一种生活态度。再没有比自己干一些专为挫败自己的事情更让人沮丧的了。最普遍的被大众推崇的做法就是努力学习别人。一个人不想成为自己，渴望成为他人，最终就会反复挫败自己。

为自己订计划和规则有时是性格使然。写出畅销书《性格解析》的美国作家弗洛伦斯·妮蒂雅，对个性产生兴趣缘于她和丈夫费特在一块儿吃葡萄。费特喜欢用剪刀剪下一小串葡萄来吃，使篮子里留下的葡萄保持一种美感。妮蒂雅却喜欢胡乱地摘着吃，破坏了整串葡萄的外观，由此引发了她与丈夫之间一场持久的性格争执。费特竭力要用完美主义、有条不紊的生活态度来改变她，处处设立“葡萄规则”。妮蒂雅却总是有意无意地破坏这些规则，保持她自由自在、无拘无束的个性。生活中正好有费特和妮蒂雅这两种人，一些人忙于建立规则，一些人忙于破坏规则，两种人形成一种平衡。

中国人大多没有规则，原因是小时候规则太多，俗话说：“虱子多了不咬人”正是如此。小时候父母管得太严，长大了离开父母后就变得很松散。规则分内在的与外在的，外在规则越少，内心的规矩就越多，这是适应社会自动生成的行为准则。内心规则当然跟我们选择的价值观、道德伦理有关，也跟小时候必须独立面对复杂的生活情境有关，父母保护多了，内心获得规矩的机会就少了。我们现在的交通规则越来越严，正好透露出中国人之前不太爱遵守规矩。德国人写过一本书——《聪明人的圣经》，该书将人分为三种：一种是狡猾的人，专门为人建立规则；一种是愚笨的人，生来就需要规则，没人为他们定规则，他们就不知道该怎么生活；还有一种是聪明的人，他们从不把规则当一回事，却又与规则和平共处，并利用规则为自己服务。

有一种哲学思想认为："规矩天生就需要有人来破坏，如果谁都不破坏，规矩就不再成为规矩，破坏与重建是人的行为本能。"喜欢规则的人如果内心缺乏规则，会是一个无意识破坏规则的人。在人生的旅途中，没有计划也许是更大的计划。你不循规蹈矩、墨守成规，就必须用十二分的精力来保持对生活的警觉和适应力，以应付随时不期而遇的突变和机遇。

巧用自我暗示

我总是用别人的评价来左右自己的判断。太容易接受别人的暗示使我的生活乱成一团。我怎样才能学会有条理地生活？

暗示性的确是人类特有的、有趣的精神现象。据科学报道，生物界某些动植物种类也有对暗示的反应能力。每个人对暗示的敏感性不一样，有的暗示性高，有的暗示性低。暗示性越高，对世界的感知能力越强，具有高暗示性的人的内在感觉也要比别人更丰富多彩。测试暗示性的经典方法是用两杯清水，说其中有一杯含有少量酒精，暗示性高的人可以嗅出酒味来。暗示分语言暗示和非语言暗示、被动暗示和自我暗示。被动的、非语言的暗示更像是一种经典的暗示方法，常用在心理治疗中。

你的问题是一种很无聊的自我暗示。表面上你是在意别人对你的看法，实际上你是活得有点儿不真实，好像时时刻刻在问："我是谁？"要对抗暗示并不难，你只要做到充耳不闻、视而不见，那么谁想暗示你都不成。

当然，暗示性高也可以是很积极的。你常常会对某些事有特殊的预感，或者有一种超能力，你能一眼看出某个人可交还是不可交，别人要骗你很难。你对情爱的联想远比一般人绵长、复杂，一个眼神可以让你热情如火，也可以刹那间冷若寒冰，或者"一半是火焰，一半是冰水"。

暗示性高的人也不怕孤独，因为你的心难得有休闲的日子。近日无忧，你还会流连于往昔或徘徊于将来，人很多时候是生活在自己的内心现实中，只有在与人的交往、工作、生活中，人才会遵守外部的现实。内心世界是否美好是一个人能否获得幸福感的关键。暗示性高的人会把人间的大悲大喜、悲欢离合常挂于心，情感体验无不在心中流淌跌宕、高低起伏。暗示性高的人喜欢沉溺于幻想，有时也会过多地流连于内心建构的世界，引发社会接触不良或孤僻倾向。心理学的催眠技术就是建立在人容易接受暗示的基础上，用一种诱导技术，让人慢慢专注于催眠师的语言，并以此产生需要的联想，心理困扰在这样的联想中就被悄悄地处理掉了。所以，不要怪暗示扰乱了你的生活，在你还没有老眼昏花之前，不必过早把生活变得条理分明。

你有助人者情结吗

我母亲一生与人为善，却常遭人以怨报德，搞得自己常常满腹牢骚，却又痴心不改。我觉得她很受伤，但不知道该如何劝阻她。

真正的问题是你母亲潜意识中有一种“助人者情结”——希望通过对别人的帮助来获得自己存在的价值感和成就感。说来好笑，99% 的心理医生在刚执业时都存在着与你母亲相似的问题。他们非常在意疗效，渴望看到来访者的改变，渴望听到来访者感谢和肯定的声音，并以此来维持执业的动力。结果却是无意识地把来访者的焦虑、痛苦、神经质纳入自己的身体中，被当事人挫败、耗竭。一个成熟的心理咨询师一定比来访者更能容纳他的症状或问题，他会思考症状的意义，对症状的继续存在保持尊敬；幼稚的咨询师看到问题还在那儿，会怀疑自己的能力，搞得自己很累。

为了逃避这样的感觉，心理咨询师会无意识地依赖当事人，给当事人很多忠告，逼迫来访者按照自己的价值观生活，结果往往造成来访者更大的痛苦。这是精神分析理论提出的心理治疗中的反移情——心理医生把自己的心理需求和未解决的内心冲突带入治疗关系，剥削和伤害了来访者的情感而不自知。这也是为什么心理医生一定要经过长期的专业训练、苛刻的自我体验、严厉的专业督导才能执业的原因之一。不过，对于一个热心助人的母亲，我们不能苛求她，爱心在何时何地都是和煦的阳光。普通人帮助普通人一定是用自己的生活经验去引导别人，所以，年龄、身份、知识与经历储备是重要的。如果你的母亲是见多识广的人，那对别人一定是多少有所裨益的。

帮助他人可能有三种不同的心理期待：

第一种是"助人者情结"，通常是自我认同不足或缺乏生活的意义。通过帮助别人来感觉自己重要、有意义，渴望获得别人的感激、认同、喜欢，在助人的时候很依恋与人形成的那种关系。如果你母亲平时很活跃，朋友很多，那她应该不是这一类。有助人者情结的人内心孤单，很在意被帮助者回馈的信息。如果回馈是感谢，心中就很愉悦，如果别人对自己的帮助不在意或有微词，自己的内心就很挫败，因此常不能保持内心平静，甚至于牢骚满腹。

第二种是"功利性帮助"，通过对别人提供帮助来获得更大的利益。这就是人们常说的施予小恩小惠，目的是要放长线、钓大鱼，或者通过提供帮助来控制一种关系为自己所用。这样的人内心可能对被帮助者有一种隐秘的愤怒与鄙视，施恩是在显示权力与优越感。《阿凡提的故事》中有这样一则故事：有个富人送给一个穷人一条裤子，他逢人就跟别人说这件事，见到这个穷人也一定要说这条裤子，结果穷人把裤子还给了他。当今社会人们都喜欢行善，有的人在资金积累阶段，强取豪夺，干了一些违背良心的事，但当生活富足了，为了自己的良心或为了获得更好的公众声誉去帮助他人，这种类似于功利性帮助。不过，社会伦理学不关注行善的动机，比较关心行善的方式。

第三种是“共享性帮助”，自己好了希望人人都好。把人类看成一个整体，彼此血肉相连，帮助别人就是帮助自己。同时，认为财富是大家的，愿意把自己手中的财富给那些更需要的人。这样的帮助不需要被帮助者任何的感激和报答，也不留名，只是把行善看成是自己生活的一部分。无条件地爱他人也是行善，一个内心盛满爱的人爱别人是自然的，但如果内心缺少对自己的爱还去爱他人就是不自然的。引申来说，帮助别人却让自己饥寒交迫、亲情疏离是一种不当的行善。

你的母亲与人为善、乐于助人，却因此牢骚满腹，但依然痴心不改，很可能是因为你们对她的关注不足所致。这些抱怨与牢骚类似于自嘲，自我寻找心理平衡，通过诉说得到儿女们的同情。作为女儿，你就构成了母亲情感疏泄的一个重要环节，想让她可以继续以善意待人，你需要热切地附和她、欣赏她，给她一些积极的反馈信息，来减少她的抱怨。你要装作很在意母亲的抱怨，但内心却要对这些抱怨有充分的理解和接纳，因为搞不好，母亲的焦虑会转移到你自己的心里。最好不要试图通过说理、规劝来减少母亲的唠叨，更不要妄自尊大地替她做心理分析（这是专业人员的事）。一不留神，好心会办坏事，结果是加重了母亲的情绪压抑，给她的身心带来不良影响。

善于把持自卑是一种智慧

我的朋友要才有才、要貌有貌，各方面都很优秀，美丽、成功她都占了，可她居然说自己见人很紧张、很自卑，这是为什么？

自卑心是一种内心的警觉，是一种创造的源泉与动力。自卑感让人去追求成熟、优越与完美。著名的心理学家艾尔弗雷德·阿德勒(Alfred Adler)说：“人们所有的成长动力与行为目标旨在追求安全感和克服自卑感”，这解释了自卑的人为何更易于趋向成功。你的朋友在各方面都很优秀，美丽、成功她都占了，她仍旧说她很自卑，在我看来，这也许是为了保持完美的动力，也许是自谦。

人有时候需要自卑之心或“谦卑心”。谦卑让我们知道需要敬畏，知道我们不能狂妄自大地解释与评述这个世界。有了敬畏就有了宽容，就让我们明白世界上存在着许多不可知的东西，人基本是无知的。尽管科学帮助我们学到很多知识，但那仍旧只是浩瀚自然中的微小部分。只要宽容、无知，就会接纳更多的人和事，也会接纳自己。

美丽还存在一种悖论。我们几个心理医生曾做过一个调查，越是漂亮的女性，越缺乏自信和安全感。开始，我们和你一样也心存疑惑，按照《漂亮者生存》一书的说法，漂亮的女人应该占尽风头。其实不然，漂亮的女子经受着更多的社会“歧视”与曲解。人们习惯性认为有漂亮脸蛋的人脑子一定很蠢。人们只在意漂亮女子的外表而忽视了她们美好的品质，反过来还要把这种下意识中的龌龊归罪于她们。有些人善于发现漂亮女子身上的缺点，在很大程度上是为了达成自己的内心平衡。

另外，美有一种同一性或对等原则，越是美好的东西，人们对它的心理要求越苛刻。这样一来，漂亮女孩美好的品质和个性得不到人们的及时欣赏和肯定，就会产生一种心理消退，而缺点却被放大乃至强化、固化。漂亮的人活得更没有自我，有时不得不依靠矫饰外表来获取她成长中本应

该自然得到的那些赞赏。你的朋友见到人会紧张，说明她知道比起一般人她更需要防御。漂亮的女人更容易遭受同性的嫉妒和引发异性的叵测居心，甚至是攻击欲望。善于把持一种自卑，与他人保持心理距离正是你朋友的聪明之处。

从众和缺乏判断力是两码事

我好像没有主见，同事做什么我就会不加考虑地去做；别人穿什么好看，我也会去买同样的衣服。我是不是缺乏判断力？

人不可能总是保持清醒的状态，事无巨细都做一番细细思量。大多数时候自我是按照感觉来做事的，不然会活得太累！看到你的问题让我想到，从众心理是一种奇特的群体现象。在人群里面，个人好像失去了基本的判断力，人云亦云，大家在做什么，个人也就跟着去做。心理学把这种现象称为"去个性化"，即人在一个群体里会随着群体去思考和行动，也许事后会感觉自己当时很傻。

在日常生活中，人们会经常地从众、跟风，别人做什么自己就做什么。人生活在社会里，往往会给自己一个自我认同，以此获得归属感。在一个群体里，为了获得归属感，人们也会随同大家的意见，让自己融入一个集体，不至于孤独。因为想要去个性化，追求一致，消除差异，担心被群体抛弃，于是你身不由己地去做自己不喜欢的事。

身处理性的社会，人人变得合乎规则；身处混乱的社会，人人行为无序。这也是从众引起的。有种从众现象值得分析，就是在理性的社会中，人们需要压抑自己的本能来符合社会的理性。但人的内心深藏着一些动物属性，身处一个被情绪控制的群体，自己的原始冲动会觉醒，当别人出现带有暴力色彩的言行时，自己会不能自控地跟着干起来。很多社会暴乱、打砸事件就是在这样的心理状态中发生的。其实大多数参与者都是有道德的少年或好好公民。心理学解释这种现象像是一种被解放的感觉，对本能的压抑被解除了，人就变得不那么可以理喻了。

当然，还有另外一种心理，明知大家都在干傻事，但心理暗自思量自己只是胁从、跟随，不是“带头大哥”，以为法律和规则不会找到自己，也就大胆去做。这是一种卷入，被群体效应的力量征服和控制，也等于是一种自我催眠，仿佛对自己说：“没事的，我不会有事的”，结果后悔晚矣。你只是在生活琐事上从众，无伤大雅，但你要为此警觉，你不是“众人皆醉我独醒”的那类人。当看到群情激动和愤怒的场景时，最好早早离开，脱离可能让你被暗示、被卷入而变得疯狂的场景。

现实在左，精神在右

所有探索生命与精神现象的科学家都不得不面对灵魂与宗教这样的问题。您怎么看待鬼神、灵魂、宗教信仰之类的东西？

人有灵魂吗？这的确是一个难以回答的问题。虽然我们没有证据说灵魂是存在的，但人类未知的东西还很多，我不能说没有，也不能说有，唯一的态度是对此保持高度的敬畏。有本传教的书说已经证实灵魂是有重量的，说人死的时候，当灵魂离开身体时体重瞬间会减轻40克。那么，相信灵魂存在和不相信灵魂存在会有什么不同吗？相信灵魂存在的人也相信轮回学说或天堂说，比较不会作恶，因为今生的恶、富裕、享乐下辈子自己还要偿还；今生的善、辛劳、贫困下辈子也会得到补偿。不相信的人没有那么多忌讳，既然人死如灯灭，一了百了，那么贪污、浪费、为非作歹就没有什么内心的约束。

我比较喜欢“灵性”这个词，灵性与灵魂是有区别的。灵魂可以脱离肉体而独立存在，而灵性却是与生命共舞的一种超越理性、逻辑的精神力。我觉得人有三个层面的生命：一是身体的，二是心理或精神的，三是灵性的。身体层面是欲望、本能、及时满足、温饱与安全感；精神层面是理性、知识、理想主义、兴趣与追求；心灵层面是道德良知、创造力与想象力、信仰、博爱、高峰体验等。身体层面是一种个人体验，精神层面是社会或阶级彼此分享的，而心灵层面是全人类可以共同拥有的超越经验。

鬼神的概念其实是人的潜意识中的一些原始意象，主要来源于神话故事、民间传说中的文化原型。鬼神的意识是一种人类的原始意识形态，它的语言是象征与符号，没有逻辑和推理关系。敬畏鬼神隐含着人类对自然的敬畏，同时也是人类对不可知的世界或现象的文化解释。当然，心理学认为意识深层对死亡的恐惧，对不存在的害怕，或对自我的不确定感（我是谁？），对不可知的畏惧与对生命永恒的受限，都是人们愿意相信鬼神以寻求心灵慰藉的心理力量。这些深层的恐惧促使人类非理性地追求神灵、永恒、魔力和无冲突的境界（天堂）。如此看来，鬼神是人内心的意象投射到外部世界而形成的。

解读鬼神就要涉及巫术思想，这是一种人类在前科学时代对自然现象的朴素解释，是愿望、意图和恐惧对客观世界的歪曲。自然科学的发展可以战胜巫术思想，帮助人们解读大千世界的复杂性，但对宗教却无能为力。因为宗教是一个价值观问题，是一种信仰，在现实中看不到、碰不着，它代表一种特殊的意识、体验、群体意向、献身与救赎等。客观地说，宗教是一种文化存在、一种心灵追求，是生命灵性层面的内容，但不是全部。

文化存在是不是也是一种存在？像我们说的“雷锋精神长存”，也是指一种文化存在。我们的文学作品、哲学思想、国家体制与道德法则也是文化存在。美国人曾对“圣诞老人存在还是不存在”展开过争论，说存在的人强调的正是一种文化存在，你摸不着，但它却天天和你生活在一起，并给你快乐；说不存在的人强调的是一种现实存在，谁也没有看见过圣诞老人，这就是证据。文化的存在性几乎包含了人类生活的全部：思想、习俗、主义、文学、信仰，你不能说上帝不真实，就像你不能说文化、哲学、精神不真实一样。

仔细想想，人类意识可以触及的存在最终大多还是栖身在精神层面的。一张桌子摆在那儿，只要不近视、有手的人就可以感知它的存在。这个存在是实在的、硬的，凡是走过来的人都能感知到。当我们离开的时候，那个存在会在我们的内心留下一个印象，这个存在就软化了。我们用桌子的印象来替代那个现实的桌子，不过，这两张桌子已经有很多的不同。桌子给每个人留下的内心印象是不一样的，这正如我们看到美女后留在心里的余味会因人而异一样，这就是精神与物质的关系。那么，哪种存在对你更重要呢？现实存在是唯一的，你是唯物的，却无法获得生命的超越体验，失去了生命的意义。认识到现实与精神同等重要，你才能有心灵的飞舞、精神的歌唱。

第二章

生病是生命的一种状态

健康的观念来源于现代医学，把生命存在的某些状态看成是好的，某些状态看成是不好的；但定义下的好与坏都是生命的常态，生命本不按文化定义而变化，但人们对身体的感受却被医学重组。西医不考虑个体存在的差异，也不关心人的内心感觉和意愿。忽视生命存在差异性的科学也必然忽视个人的情感、精神需要、自我感与自我定义。

其实，健康的人只存在于健康理论中，现实中不存在绝对健康的人。换一种眼光来看，不健康的东西是被健康理论创造的，正如有了心理学的理论，就有了心理医生，也就有了有心理障碍的病人。

送走抑郁症

我老公患有严重的抑郁症，曾经试图自杀。他整天不开心、不说话，封闭自己，还经常冲儿子发脾气。每天在外边他都会装得像没事一样，可一进家门就情绪很糟……让整个家庭气氛非常压抑，我不知道如何是好，也不知道如何帮助他走出来。

抑郁症或抑郁情绪已经成为当代人生活的一部分，我们很难有一天听不到它的声音，只要我们睁开眼，看一点儿东西、听一点儿东西或翻开什么读一点儿东西，我们总能发现“抑郁”这个字眼。中国人行为能力还可以，精神却多少有些衰弱。原因在于我们的文化从古到今都是一种王权与臣服的文化。精神是一种自由意识的表达，有精神的人就有自我的主张，就有个性与独特性，而我们的文化更需要共性、随同性和同一性。我们的民族有一种更广义的精神，那是一种集体主义的精神，是全体民众的精神，个体精神需要弱化来适应全民意志的表达。

在没有“抑郁”或“抑郁症”这个名词前，中国人惯用的词汇是“神经衰弱”。20世纪五六十年代，中国医学界最大的科研任务就是治疗国人的神经衰弱或神经官能症。有人说抑郁是经济发展与生活压力加大所致，其实，这是国人的社会人格所致。我们的社会文化认同共性与整体利益，不提倡个性与独立。没受西方文化影响前，这样的社会意识有自在的美丽，但东西文化的交融让我们更多地感觉到这样的社会意识的不足之处，忘掉了它其实是中华民族的立身之本。从心理学（源于西方文化）上说，不管是抑郁还是神经衰弱，它们的一个共同特征就是愤怒的内化。人不能把精神的力量自由地投注在外部世界，不能关注社会，去创造和实现个体生命崇尚的目的，不敢去挑战社会，寻求独创与更新，转而只关注自己，对自己不满，把攻击性释放在自己或安全的家人身上。在东方文化的解释中，这种内释方式是一种有效的调节。看看在这个家庭里发生的故事，仿佛就是一个典型的例子。

当一个人处在抑郁状态时，如果他还可以把愤怒转移在其他家庭成员身上，那他是安全的，我们需要温柔地坚持用一种宽厚的心态去温暖他，不要怪罪他，因为他正处在糟糕的自我感下，缺少改变的力量。健康的家人要学会适应一个抑郁症患者的情绪，但有一点要注意，千万不要学他的情绪，如果整个家庭都沉浸在抑郁中，可能会加重抑郁者的病情并激发他更大的自罪感，结果是危险的。有时候，抑郁者越是情绪糟糕，其他的家庭成员越是要互相鼓励、彼此支持，来保持家庭轻松的氛围，这对家庭中的抑郁者是非常好的。

在观念上，家人要在这三点上达成共识：

（1）不能期待抑郁的家人改变情绪来满足正常家人的心理需要，如果认为“对方好一些，我们才快乐”，等于在残酷地剥削抑郁者，希望他通过压抑情绪来满足家人，这会加重患者的病情。必须接受家庭中抑郁者的不良情绪，保持自然的情绪色彩，不让整个家庭陷入糟糕的情绪中，这是正常家人应尽的责任。要做到这一点，家人要团结，我们可以这样想：他（父亲、老公）平时对我们多好啊，现在轮到我们来照顾他了。

（2）相信抑郁是一个客人，它来到家里，全家人都不自在，但客人终归是要走的，不舒服只是一阵子，不要把眼下当作永恒。另一方面，家人要少关注抑郁者的抑郁情绪，少跟抑郁者交谈，但可以关注他不抑郁的部分，把他看成一个正常人。如果你每天都问他“抑郁好些了吗”，他的精神就总是陷入对抑郁的感觉中。如果我们每天都说“你今天看起来不错哟”，尽管有时抑郁者会否认，但他肯定会感觉轻松很多。

（3）让抑郁者有相对轻松的生活是重要的，例如，可以帮助他减少责任和生活压力，鼓励他休假，改变刻板的生活和工作方式。美国心理学家曾尝试用阳光、温泉加上身体拍打来治疗抑郁，效果是明显的。如果你的老公抑郁情绪很严重，除了相信医生给予的处方药以外，坚决地停止他的工作，带他去新鲜的环境中度假也是非常重要的，这往往是自我救赎的最佳方式。我曾经有个朋友患了抑郁症，她的先生坚持带她去西藏自驾游，回来的时候这个朋友变得非常开心，这种方式曾治愈很多顽固的情绪抑郁或心境不良，如果经济条件和时间允许，带你的先生去一个你们向往的、美丽的地方，肯定会让他的抑郁随境而变。

生病是生命的一种状态

我先生是一个对身体健康特别关注的人。偶尔有点儿感冒咳嗽什么的，一定会在第一时间上医院。有时服药没有快速见效，他会急不可待地去另外几家医院求诊。我不知道我先生为什么那么害怕疾病。

对疾病的恐惧从心理根源上来说是一种对死亡的本能恐惧。很多人不能接受生老病死是自然规律，有时嘴上接受，内心深处却在拒绝。以我个人的临床经验，可以把人们对疾病的态度粗略地归为三类：

一是讳疾忌医，轻易不去医院，视医院为危险地带，严重的可以形成“恐医症”。一般来说，对医院、医生抵触的人，在医学上是欢迎的。因为人体有许多差异，同样的病、同样的治疗方法在不同的人身上会产生不同的效果。人们应该知道治疗中自己有自由选择的权利，可以自动终止治疗或要求医生提供不同的治疗方法，这样做能减少医源性的伤害。研究那些长寿者，会发现他们都是不那么爱去医院的人，也是对化学药物有心理排斥的人。

二是完全信赖医学，医从性很高，把自己完全托付给医生。效果如何要看医疗制度、医疗水平是否完善，还要看实施救治的医生的个人素质、水平和责任感。医从性研究得出一种奇怪的结论，医从性高（绝对服从医生）的人生存率明显低于医从性稍差的人。用老百姓的话说就是“听医生的话，死得更快”。不恰当的医疗破坏了人体自然的康复能力，当然会缩短生命的历程。医学界现在讨论较多的是滥用药物的问题，尤其是抗生素、维生素、营养补液等会给人体带来不可逆的伤害。

三是对医生将信将疑，这样的人如果个性洒脱，是医院最好的“消费者”，他们会根据自己的感觉来决定吃什么药和吃多久的药。有时间他们会战战兢兢地阅读一些医学书籍，热衷于查看医疗健康信息，希望了解更多，以追求就医中的安全感。这类人如果对身体过度关注就很麻烦。首先他缺乏足够的安全感，对危险敏感，整天被一些可疑的身心症状缠绕，时时感觉大祸临头。热衷于看医生但又对医生持怀疑态度，身心经常处在一种对立的矛盾状态，我们把这样的看病称作是逛医生商店，“采购”医生，恨不能天下的名医都能见一见，天下好药都能试一试，但治病却像蜻蜓点水，朝秦暮楚。

我个人希望人们对医疗抱以中等程度的期待与信任，原因是医学对生命的理解和解释还非常有限，医学并不是万能的。人们和现代医学的协调有赖于人们是否愿意改变对疾病的观念。有一本书叫《疾病的希望》，作者是两位德国心理学家。他们认为："疾病是生命的一种状态，生病属于健康，就像死亡属于生命一样。"从另一种角度看，疾病不是人类的敌人，而是人类的朋友。例如，在人体发育中，疾病或感染会增强人体的免疫系统、体温平衡系统和对环境的适应力；创伤会加速皮肤和骨骼的修复与新陈代谢，使之更完美。例如，不小心吃了不好的东西，拉肚子能帮助我们尽快地排出蓄积的毒素。

近几年出现了一种崇尚自然与自我康复的新观念，即生病的时候停止使用化学制剂、药品，少进饮食，多喝水，依赖自身的康复机制，减少脏器消化代谢中的负担，允许身体经历疾病的自然发生发展过程，以此来促进康复，增强生命力。你可以鼓励先生给疾病两三天到一周的观察期，如果是感冒咳嗽自然会好转，稍重一点儿的病首先要注意休息，保持心境平和，吃易于消化的食物，补足清洁的水和新鲜的空气。如果效果不明显，再选择服用毒性小、副作用少的药物来减轻症状，促进疾病康复。

在知识信息爆炸的今天，健康信息的过剩和极端化倾向、伪权威色彩与自相矛盾给人们的生活带来无尽的烦恼。人们几乎失去了对健康的自我鉴别能力。现代医学认为，人类的许多疾病在某种意义上可以说是一种“信息病”，是人们或多或少地受了某些或某类信息的误导、干扰、冲击、赘述所致。信息是有能量的，会让精神消化不良以致出现身心问题。正如有的科学家大胆地说癌症患者是被吓死的而不是病死的一样，50年前的人得癌症还可以活很久，是因为不知道癌症的厉害，现代人得癌症后死得很快，与内心认定自己必死无疑有关。接受疾病是生命的一种状态，疾病可以成为人类的朋友。因为疾病让你坦诚，让你关心并检视自己，就像车内警示灯亮了，灯不是问题，你的车（生活）需要修整才是问题。拒绝疾病甚至不惜“饮鸩止渴”来消除疾病的人，疾病就真正成了他的敌人。

真正的“遗忘”是彻底接纳

我和男友之间有过一些伤心事，我想努力地忘掉，可它总是不时地从记忆深处跳出来，把我变成一个喜怒无常、尖酸刻薄的女人。加强记忆的方法有很多，可是忘记呢？有什么方法可以用来忘记不快乐、不美好的事呢？

记忆是科学家一直非常关注的神经心理学内容。记忆的发生、储存是有选择性的，它蕴含着人类所有的对生活主动的适应、经历、学习、文化等信息的传输以及对生命历程的体验，类似于人类大脑深层的“黑匣子”，记录着生命的点点滴滴。遗忘却像是一种对记忆“储存器”的加密，它修改和整理记忆的内容，把有用的、需要的内容保存在人的意识中，活化人的思维与情感；把不重要的、无用的或对生活有强烈的负面影响的部分加锁，隔离开来，让人的意识找不到它们。遗忘的记忆并没有消失，在特定的时候还会从人脑中冒出来。

记住的东西不是真实，常常是对真实的体验与感受，由皮肤与肌体唤起，被人的意识知觉。神经心理科学证明，记忆信息在大脑中是无序存在的，它被我们的观念再造与重组。你要遗忘就需要改变对“往事”的观念，如果不改变观念，记忆就不会消失，只是被潜抑。在做梦、催眠状态、癔症性人格解体时，遗忘的记忆会以极其鲜活的方式呈现出来，最终又回到你的生活中。

有一本心理分析小说《伊娃·莱卡》，内容是：伊娃 10 岁时曾目睹母亲被人谋杀，后来她又遭遇沉船，侥幸获救。由于接踵而至的恐怖场景和悲伤体验过于强烈，她一下就把所有的经历遗忘得干干净净，无意识地回避了痛苦，让自己继续生活在平静中。50 年后，一位好事的精神分析师通过对她的梦的释义和催眠激发了她遗忘的素材，逐步推演、拼凑出当时的情景，最终找到了真凶。

所以，有两类记忆内容是容易被遗忘的，一是被内心认为是无价值的，或缺乏情绪体验的，或未被认真关注的；二是情绪体验过于强烈，记忆引发当事人的极端痛苦，或记忆激发一种深层焦虑的。前者是一种被动忘却，时间是遗忘的主导因素；后者是一种主动忘却，潜意识的自我保护是主导因素。

你与男友之间有过一些伤心事，想努力地忘掉，可它却不时地从深处跳出来，把你变成个喜怒无常、尖酸刻薄的女人。这可以说明两个问题:（1）对往事伤心的程度还不至于激发你主动忘却的机制，你只好让时间的流淌来产生一种记忆的消退和弱化;（2）你想忘掉不愉快，其实是对不良记忆的不断强化，因为关注是增强记忆最好的方法，而不是忘却的方法。你这样做的象征性意义是害怕遗忘，提醒自己要时时前事不忘，后事之师；亡羊补牢，未为晚也。如果你真想忘却你们之间的不愉快、不美好，唯一能做的事就是彻底地谅解、接纳、认同，以此降低创伤的意义和重要性，这样，遗忘才会真正到来。

在无意识层面，你不能接纳和忘却那些伤害的另一个原因也可能是你没有真正地原谅自己。你的许多愤怒看起来是指向你的男友，其实是指向自己。你把自己变成一个“喜怒无常、尖酸刻薄的女人”，难道不是在用别人的错误惩罚自己？当然，也许这种喜怒无常、尖酸刻薄本身就是你个性中被压抑的部分，只是你以为现在有了充分的理由，可以把它合理地呈现出来而不至于被人误解。如果是这样，建议你找一位心理医生，通过反省与领悟，完善自己的个性。

与强迫症和平共处

我一个人独处的时候，总怀疑水龙头没关好，煤气没关好，钥匙没带，反复检查还是不放心。朋友说我有强迫症，我该怎样摆脱这种心理？

人的内心有一种对现实的建构能力，当你一个人独处时，安全是你最关心的，因此，你常常会感觉到莫名的紧张。当你关注这样的感觉时，你的内心就有了很强的无中生有的创造力。至于是不是强迫症，要看你反复检查之后是否就放下心来，是否妨碍了你的正常生活，如果只是内心的紧张，那么这种强迫就是你的情绪需要而不是问题。

要理解强迫的观念，就要想到人在清醒的时候，会有很多散乱的、无序的念头在大脑中一闪而过，这是人为了保持清醒需要的散乱信息。很多人的心思都在外边，注意不到自己担心过什么，也关注不到内在纷繁的矛盾信息，所以也没有这样的烦恼。有强迫症的人善于抓住一闪而过的念头，并由逻辑去分析、批判、强化它们，结果类似的念头就越来越多，好像是潘多拉的盒子，一旦打开就收不回去。

有强迫症的人俨然是一个哲学家，对人的思维过程感兴趣，所以很多微小的念头在他们那儿被津津乐道地阐述和重复。说有强迫症的人痛苦是假的，说他们随时优越地展示自己思维过程的缜密性与精确性并沾沾自喜才是真的。那么，他们为什么不快乐呢？因为文化没有标定这样的能力是人类高智商的表现，而把这样的思维看成是病的结果。仔细想想，很多杰出的人都曾有过一段强迫性的生活，在强迫的思维中操练了自己掌控科学、社会、宗教、文化事业的心智能力。

强迫是一个很有意义的词，意味着不自由。那么，是什么让我们的内心不自由呢？自由是需要代价的，如冒险、责任、恐惧、失控。强迫是一种对规则的服从——安全的规则、干净的规则、正确的规则，借此我们可以逃避不洁感、不安全感和犯错。我们为什么要寻求干净、整洁和一丝不苟呢？因为这些是我们喜欢的文化。文化告诉我们：“你必须永远正确、不犯错、有条不紊”，我们就这样去做了。结果发现，绝对正确简直是恶魔，让你寸步难行。

其实，规则对内心的强迫还不是致命的，致命的是预兆式的恐惧和行为后的自责。这两者非常矛盾，前者说你不这样做就不行，天会塌的；后者说你怎么能这样做呢，天都塌下来了！其实反正天都要塌了，就让它塌好了，有强迫症的人要这样想就不强迫了。我觉得强迫性思维是科学的产物，科学不能忍受并排斥不确定性，科学喜欢逻辑与线性规则。有强迫症的人也害怕不确定的东西，喜欢线性缜密的思维。与有强迫症的人打哑谜是自讨没趣，他们喜欢坦诚与直白，也喜欢极端地去看问题。

要解决你的问题，根本上是要解读你内心的文化规则，不要相信心理学所说的“洁癖是对往事性创伤的压抑或处理，反复检查是缺少安全感或‘超我’的霸道”，因为很多解释不会导向问题的松解，反而会促使问题固化，增强你的无力感。当你相信强迫是你在训练一种科学的、绝对正确和一丝不苟的生活方式和思维方式时，解决起来就容易多了。首先阅读混沌学，学习复杂思维，然后接受新物理学的定义，把牛顿、爱因斯坦、马克思、弗洛伊德放进旧纸箱。容许世界的不可知与混乱，你才可以接受内心的不安和无序。

解决强迫的技术最有意义的就是“反其道而行之”。每天给自己定下这样的计划：清晨 4 点起来，要检查 20 遍门窗、煤气，洗 30 遍手，请一个人给你计数，不达目的誓不罢休。结果怎样？你差不多会变疯。疯子是不会强迫的，清醒的人才会强迫呢！当你变得有点儿疯的时候，思维就自由了。

另一个技术源于道家思想。要摆脱某种状态最有效的方法就是试着不去摆脱它，与它和平共处，甚至喜欢它。因为强迫状态是一种双向的循环冲突：一件事你不愿意去做，又控制不住自己要去做，做后又倍加后悔和懊恼，并体验到强烈的矛盾与痛苦。对这种内心悖论情景的解构就是：想做就去做，别跟自己较劲，也不去评价，像一种禅的境界："人在桥上过，桥流水不流。"

如何让自己脱“瘾”而出

我做什么事都容易上瘾，最近好像得了电脑依赖症，每晚打网游打到半夜两点，就是停不下来，很影响第二天的工作。

我想，一个人能每晚久坐电脑前打游戏，原因有两点：

（1）过剩的精力需要释放，并且不再愿意去寻找新的追求；

（2）上瘾行为会给人一种忘我与放松、对现实的解脱、对内心焦虑与愤怒的处理，这是继发心理获利。

缺少任何一点，电脑依赖症或其他相类似的上瘾行为都是不能维持的。

人类普遍存在着依赖情结或成瘾倾向，这样的特点主要用来应付生命存在的三类基本焦虑：现实性焦虑、神经质焦虑和道德性焦虑。这些焦虑会陪伴人从生到死。焦虑的存在维持了生命的活力，却需要一个释放的出口来与之达到大致的内在平衡。每个人对焦虑的忍耐阈值不同，对焦虑的处理方式也不同。一般来说，使自己焦虑疏解的行为、活动、兴趣、爱好、社交都是良好的释放情绪压力的方法。成熟的释放方式适度、合理、节制，具有节律和规律。幼稚的处理焦虑的方法通常是无意识地通过转移、投射、压抑、退化等自我防御机制，来达到一种虚假的内心平衡。这样的释放常常是过度、成瘾、不合理和无规律的。

成瘾的象征意义是固着，即不再接受更新。焦虑的象征意义是寻找，总是在寻找而又苦苦寻求不到，就形成了焦虑。成瘾行为当然是缓解焦虑最方便的做法，一片药、一件收藏品、一杯酒、一壶茶、一段情欲都可以是追求中的替代品，让人们忘却生命负载的终极意义、目标和对幸福的追求。其实，所有的形式都可以成为成瘾物：金钱、权力、知识、爱情、娱乐、运动、食物、宗教、酒精、安眠药等。不管什么东西，只要能激发人的内心依恋，都可以成瘾。

当然，上瘾是幸福感与满足感的快速达成，不用久经磨难，轻而易举地就获得了生命的激情与高潮体验。对什么依赖、上什么瘾，往往能看出一个人的内心需要什么。对网络聊天有依赖的人往往在社交方面有些困难；对网游有依赖的人绝对需要成就感和唯我独尊的体验；有社交恐惧的人容易饮酒上瘾，以此获得人际关系中的完美体验；渴望在不自由的关系里获得自由，香烟可以帮助人达成瞬间的现实飞跃。

药物上瘾也有很奇特的区别：需要激情、赞赏、卓越的人服用兴奋剂（可卡因）；需要回避现实冲突与烦恼的人服用麻醉剂（大麻、海洛因）；需要超越与高峰体验的人服用致幻剂 (LSD); 需要对痛苦麻木的人服用催眠剂（安眠药），睡着了就感觉不到了。你依赖什么是因为你渴望什么却又难以得到什么，用一杯酒、一支烟、一片药、一个游戏来做替代品，得到内心片刻的安宁。

现在我们要回到问题描述的情境中，我要问你打网游改变了什么——是否减少了你与什么人的接触，从而获得了更多的自我空间？是否回避和化解了什么内心冲突，忘却了什么样的烦恼？暴力的网游往往指向攻击欲望的实现、愤怒和敌意的畅快表达，把对现实的愤怒发泄到非现实的领地是安全的。游戏对暴力的合理化，让我们感觉不到我们的内心充满残酷、嗜血的欲望与对杀伐的快感。

我还要问你游戏结束后的感觉是什么？是心满意足，还是意犹未尽，或后悔不已？心满意足是一种需要，继续网游下去没有什么不好，这是你情绪的调节器。意犹未尽就要小心，因为游戏已越过边界进入了你的生活，你被它牵制和干扰了。从禅的境界来看，你玩游戏的时候，游戏（制作者）也在玩你。后悔不已是一种心智的警觉，游戏已经在毒害你，让你成为它的奴隶，就像吸毒的人最终从毒品的主人沦落成为毒品的奴隶一样，送走你的电脑是唯一有效的自我救赎。

快乐有时需痛苦相伴

我遇到过很多不顺，最近经医生诊断，我有狂躁型抑郁症，我不敢告诉家人，不敢告诉男友，怕他们会把我当病人看待。

首先，你需要质疑医生的诊断。狂躁型抑郁症是精神病学的专业标签，指双向性情感障碍。它的诊断需要有典型的躁狂与抑郁发作，具有心境与环境不协调、社会能力和工作能力受损的表现，病人病期缺乏对病症的认识和自我协调能力，睡眠减少，易激惹、抓狂与自杀，喜欢夸大与自贬，话语多与沉默寡言并存或交替出现。一个典型的狂躁抑郁患者并不需要告诉别人，恰好是被别人发现而自己却浑然不知。不过，医学统计认为，人群中大约有 10% 的人有双向情绪色彩，是否给予临床诊断还要看是否影响了当事人的社会生活与人际关系。

其实，每个人的情绪曲线都有兴奋与沉郁的变化周期，像波浪一样起起伏伏。把情绪的变化周期（频率）和变化的幅度（强弱）看成两个参照轴，人的情绪状态分为四种类型：波幅小，情绪周期交替快者是活泼型；交替慢的是沉稳型；交替快，情绪波动大，给人的感觉就是戏剧型人格，喜怒无常，好在是大体平衡；周期慢，波幅大，被人感觉此一时彼一时，这是一种躁抑色彩。后两者给人的感觉是不稳定。

我有个朋友，每年3月到9月是他的沉郁期，不爱读书，整天睡觉，上班懒懒散散，工作马马虎虎，而9月到第二年3月是他的兴奋期，“十处打锣九处在”，什么事都来“瞎掺和”，哪儿都能听得见他的欢声笑语，让人爱恨交加。我们常调侃他是“夏眠”动物，天气变冷，精气神倒来了。奇怪的是，他自己倒很认同，从不把自己当另类，结果是我们也只好认同，权当是他的个性特征。久而久之，离了他还不行，觉得生活中少了一笔亮彩。

双向情绪色彩也许是一个更贴切的、不易引发你的不良联想的标签。它只是人对环境的适应问题，而非医学问题。比较有意思的是轻躁状态，这差不多是生命在非人性化、不理想的社会环境中能够不靠药物就免费可得的完美情绪体验。具有这种特质的人对世界充满好奇，总是乐滋滋的，哪怕谁家花盆被风吹落砸在他的头上，瞬间的愤怒后喜悦又会控制他。这样的人在社交环境中是良好的润滑剂，幽默、风趣、逗人发笑、要小聪明，哪儿都有他的身影。他们学习效率极高，心境不佳时落下的一年的功课，短短一两周不吃不睡就能补完，考试成绩还出奇的好，让勤勤恳恳的学子们气得吐血，让老师大跌眼镜，他们是创造奇迹的人。

轻躁是上帝给这一类人的礼物，作为补偿，上帝也会拿走他们几个月的快乐，让他们处在恶劣的心境中。如果我们不想保持双向情绪，那么在快乐到来时，我们就要自觉节制，不让喜悦那么集中、快速地勃发出来。心境低落的时候我们自觉地增加活动，不恋床，也不回避人际交往，让情绪在外部环境的刺激下得到恢复。当然，渴望奇迹的人不必这样做。不变的情绪哲学是：快乐也需要痛苦去平衡。

告别“依恋饥渴”

我的男友对我很不好，我总想鼓起勇气和他分手，但坚持不了一个星期我又去求他原谅我。这样反复了好几次，我知道继续维持关系对自己很不好，却感觉离开他我会活不下去！

显然，维系你和男友关系的不再是情感，而是你心中对他的依赖、对与他分离的恐惧。爱情的确容易让人的心理返回到早年与母亲的依附关系中。那个时候，离开母亲的婴儿会觉得很恐惧，会害怕得不断哭泣。有两种心理力量可以让人拥有成熟的爱情能力：一是幼年与母亲形成的深层依恋，这种依恋帮助我们对关系信赖。二是 5 岁前后体验过的与父母分离的紧张和喜悦，这种分离帮助我们信赖自己。爱情有了这两个心理要素就不太容易陷入无助感与对他人的依赖。

我分析，你的情况是一种“依恋饥渴”。早年在与双亲的关系中未能完成依恋过程，所以你的爱情很像是无意识地寻求一种亲密补偿。你与男友的关系类似于你早年与父母的关系。你生气时会跑开，然后恐惧与孤独占上风时，你又赶紧回去认错。不过，有依恋障碍的爱情也是爱情，只要双方喜欢这样的游戏就可以。我有一个女性来访者，她有婚姻却迷恋情人。来访的目的是帮助她戒掉对情人的肉体渴望，我们约定她两周不见情人来试试她的能力。结果是咨询不仅没有减少她的约会，反而增加了她对情人的需要。

好的爱情也存在依恋感，但这种依恋不会妨碍个人自由地决策，拿得起，放得下。以依恋为主的爱情有以下特征：

（1）有一种被强迫性。好像离开对方就不行，让人感觉像“粘粘草”（一种依附植物），甩也甩不掉。这样的强迫性使人失去选择的能力。强迫性的依附类似于吸毒成瘾，明知对自己不好，却管不了那么多。

（2）分离的恐慌。在爱情关系里无意识地感觉到害怕失去、内心慌乱，因而在关系中无条件地付出、服从和讨好对方，任由对方支配，以为这样就可以保持被爱，结果把关系搞得很糟。当关系变糟时不能觉察自己的问题，对男友产生极大的愤怒与抱怨，出现想离开又恐惧分离的心理情境。

（3）戒断反应。这就跟吸毒一样，几天不见，出现很多身心反应，孤独、空虚、不完整感，甚至抑郁、绝望。躯体上表现出食欲下降、睡眠失常、烦躁、疼痛、哭泣等。这些身心症状仿佛逼迫着人逃回不良关系中。

有上述特征的人差不多算是关系的囚徒、爱情的殉难者。不过，这种依恋或依附现象到处存在，在心理咨询中这种心理现象也会发生。不好的心理医生利用分析技术破坏当事人的心理防御能力，鼓励他们对自己依赖，促使他们心理退化。当事人也可能出现对治疗关系的依赖，形成分离的焦虑与恐慌。而医生就可以把当事人“吃定了”并为所欲为。这就是为什么心理医生就业前要经受长期的、严格的、魔鬼般的训练，被深度分析、去价值化等，直到变得人格完美。

要斩断依恋，你需要重建三个心理：

首先，要意识到爱情不是生活的全部，虽然是重要的一部分，但远没有整体重要。所以，维持良好的生活状态与职业状态可以帮助你缓解分离的痛苦。

其次，要学会爱自己，爱自己永远大于爱你的恋人。爱自己的人有良好的自我修复能力，因为他会讨好自己，善待自己，对自己不好的事也不会重复去做。

最后，要相信美丽的爱情不止一次，爱情需要更新。如果你是一只自由的鸟，那么你绝不会迷恋鸟笼或情网，只有男友成为博大的森林，你才愿意栖身。

厌食背后的秘密

我有厌食症。情绪不好的时候会猛吃零食，吃完又后悔不已。平时我尽量不吃东西，专挑一些蔬菜与水果，吃多了我还会悄悄去吐，怕自己长肉。

情绪的宣泄对每个活着的人都很重要，古人也有借酒消愁、长歌当哭的情怀。人们舒展情绪的多种方式构成了人文社会情绪行为的多样性。例如，谦谦君子生气的时候会去找人理论、打架；行为规矩的人会去抽烟、喝酒；生活节俭的人会胡乱花钱……人对情绪的宣泄大多与自己的禁忌有关，平时最忌讳什么，伤心起来就专干什么。你一不高兴就胡吃海塞，那减肥自然是你日常最关心的事，所以生气的时候贪食就成为惩罚自己的最好办法。

厌食是人妄想回归婴儿时代最无意识却最有象征意义的行为。人对食物的第一联想是“可以使人发育成长”，厌食的潜意识语言是“我不想长大”。看看有些父母对待厌食的孩子，你立即会想起父母拿着饭碗追着孩子喂饭的情景，大人百般迁就他、喂他、哀求他、逼迫他多吃一点点。厌食让人重新回到了孩提时代。

依据精神分析理论，厌食还是对性爱的拒绝。这类厌食行为几乎全发生在年轻女孩子的身上。身体发育会出现女性的曲线，由此联想到性，于是女孩子用厌食来对抗对性的恐惧。厌食到了一定程度，月经会消失，月经是一个女孩成为女人的象征，没有了月经也就不用把自己当作女人。

在宗教立场上，厌食是一种净身行为。食物是糟粕，要让身体保持洁净，少吃糟粕的东西是唯一可行的。节食是很多教徒修炼的必经之路，清心寡欲、淡泊名利、少言节食才能达成精神的升华。那么，人为什么要节食？是为了对抗人性中的贪欲、渴望、权力、性欲、被爱、享乐欲……要放弃厌食，就要坦诚地接受自己的内心是不完美的，自己的身体也不是尽善尽美的。无条件地接纳自己的形体和心灵，坦诚地接纳自己的贪婪、欲望、性冲动、享乐主义与个人主义，才能使厌食看起来不那么重要。节食是可以提倡的，现代人因为吃得太多已经给社会医疗带来了极大的负担。

在我的经验中，厌食的人潜意识中或拒绝女性角色，或反抗父母权威，或逃避现实焦虑，这些情况占相当大的比例。饮食的象征意义是接纳、消化、融入自我。厌食的人则缺乏接纳的勇气，也不承认现实。保持身材苗条只是一种美丽的谎言，大多数厌食者的苗条不是美学上的，而是心理层面的。真正追求苗条的人并不排斥食物，只是不多吃。

厌食的最后一个象征是不畏惧死亡。吃不进东西往往是濒临死亡者的一种表现，厌食者在玩味死亡。他们瘦得只剩一把骨头，还那么坚决地闭紧嘴巴。20% 的厌食症会因为内脏器官衰竭、感染而死亡，不能不说厌食是一种巧妙的自杀。不过，厌食的后期无一例外会暴食（贪食），控制不住地把找得到的东西都吃光。这是对死的藐视后面潜藏着的对死的极度的恐惧。坦诚地面对并强化对死的恐惧差不多是治愈这类厌食症最根本的方法。

善待抑郁

我常常很抑郁，医生让我吃抗抑郁药已经 3 年了，可我还是摆脱不了。我该如何做？

抑郁情绪是人类最普遍的情绪体验。英语单词 depress 有被压倒的意义，被什么压倒呢？被环境、被文化、被自我知觉压倒吗？一个人被打倒了，倒在地上，只要他不再爬起来，谁也不能再一次打倒他。抑郁给了我们一个休息的理由。既然谁都不能再加害于我，我就可以喘息了。当我们很累、很不安全的时候，可以欢迎抑郁的到来，可以合理地倒在地上获得安全。

在这个意义上，抑郁有时候表达了身体的诉求，拯救了人的生命。当精神高涨的时候，我们忘我地工作，忘我地付出和奉献，忽视了肌体的耗竭和生命的日渐脆弱。抑郁来了，它让我们倒下，得到了别人的奉献、关爱、帮助和体贴，精神虽然是不快乐的，身体却在休息，生命的力量也在恢复。拒绝抑郁帮助的人不能不说是愚蠢的人。其实，抑郁是一种能力，是身体对情绪、压力、疲劳的感知能力，缺少这种能力的人，感觉不到自己已近崩溃，过劳死往往就找上他们。

想一想，如果抑郁这个词没有被好事者发明，人们只会对抑郁的人说："你太累了，你需要休息。你可以在床上多躺躺，让别人来照顾你。"那么，你就不会那么紧张，也不会让自己情绪低落太久，因为你是正常人。当你认为自己是一个抑郁症患者时，你的很多过分的行为就变得合理，你可以理所当然地享受疾病给你带来的利益。疾病的确有一种很强的改变环境和关系的能力，关键是你是否知道如何来利用它。

心理学解释抑郁是愤怒的朝内释放。因为担心攻击性、愤怒和敌意的泄露给自己带来麻烦，所以把它朝向自己，攻击自己是安全的。心理医生有时会故意激怒抑郁者，如果他们愤怒，抑郁就会立即减轻。抑郁的另一个心理解释是逃避责任。伴随抑郁有强烈的无力感、无能感、失去活力，这样的人是不能承担责任的。当一个人做错了什么事，需要承担责任的时候，抑郁就来帮助他解脱这样的责任。

人们只有接纳抑郁的情绪，把它视为一种情绪常态并采取积极措施去适应和改变，才能成为抑郁的朋友。德国的心理学家托·德特勒夫森说："不要认为疾病是多了什么，换个角度想，疾病是少了什么？就好像车里的指示灯亮了，是提示我们需要加油蓄水。”抑郁也是人体的一盏指示灯，它提示我们身体需要休息，情绪需要宣泄，生命需要爱护。只有这样，我们才能克制欲望，减少过度的辛劳，因为抑郁使我们清心寡欲，没有兴趣就没有动力。我们对抑郁的恐惧源于文化对抑郁的解释。我们总看到抑郁可怕、糟糕的一面，我们得到的只有烦恼、灾难、绝境，甚至决定结束生命。如果文化提醒我们抑郁也有好处，我们就会无意识地把抑郁导向宽容，并利用它为自己获得在不抑郁的时候得不到的利益。善待你的抑郁也就是善待自己。

积极释梦带来积极心情

我的事业、爱情都很顺利，最近却老做噩梦，这让我产生很不好的预感，好像有什么不好的事要发生。本来计划好与爱人出国旅游也因此取消，外出上班时也提心吊胆，我不仅担心自己，更担心我的爱人，心情很不好。我该怎么办?

人类为什么要做梦，至今还是一个谜。科学的假设只有两个:(1)做梦是大脑在处理信息与储存信息,类似于计算机。证据是做梦时大脑活跃，神经突触间信息交流频繁;(2)人深睡时心跳和呼吸变慢，体温降低，达到一个临界点后，心跳再慢、体温再低,生命就会有危险,而做梦会形成一种假醒,唤醒心肺功能、增高体温。证据是冷血动物不做梦，只有哺乳动物才做梦。

相比之下，做梦的文化假设却相当多。比如把梦当作一种生活的启迪或预兆；或把梦看作是心灵的艺术创作；又或把做梦看成是灵魂脱离躯体到处漫游……人们在晚上分别时会说“做个好梦”；把美好的期待说成“梦想”；把达成心愿说成“圆梦”；把身处险境描述为“仿佛身处噩梦之中”；面对不期而来的幸福，人们说“我会不会是在做梦”。心理学家认为梦是潜意识打开的一扇窗，把释梦看作是通达人潜意识的捷径，对梦的解析也已成了心理治疗中的重要内容。由于每个人对梦的诠释存在着不同的观点，使得一个梦由不同的人来解析就有了不同的意义。

传说有个国王，他做了一个很可怕的梦。梦见自己一夜之间，满口的牙齿一颗颗地掉光了。国王醒来后非常害怕，他招来大臣为他解梦。第一个大臣说：“陛下，这是一个不好的梦，它预示您的亲人会一个个死掉。”国王一听发了火，把这个大臣关进了大牢。国王招来第二个大臣，这位大臣说：“陛下，恭喜您得了一个好梦，它预示您是一个长寿的人，身边的亲友会先您而去。”国王转怒为喜，赐予此大臣许多财宝。

对同一个梦的不同解释得到的效果不同，报酬也不同。

我想给你的噩梦另一种意义。心理学家荣格认为：梦有一种重要的心理补偿和调节作用，是一个内在的自我平衡系统。我在临床诊断中，的确发现许多幸福的人做悲伤的梦，闲适的人做紧张的梦，抑郁的人做快乐的梦，满足的人做失落的梦，这倒应验了东方文化中“梦是反的”的学说。荣格的理论正好可以解释什么都很顺利的你为何要做很糟糕的梦。你的担忧多半来源于你的自我暗示,暗示自己会出“事”。心理学把这种自我暗示看成自我预言，激发无意识的自我求证过程，结果真就出事了。但这个“事”绝非是梦惹的祸，而是你重复暗示的结果。所以，改变你对梦的解释也可以改变梦给你带来的心情。

莫把宠物当情人

朋友送给我一只可爱的、金黄色长毛的博美狗。我非常喜欢它，每天和它形影不离，连工作都不想做了。

动物，尤其是小而可爱、对人没有攻击性的动物，的确成了人类多余情感和情绪的收容所。人类从动物那儿得到的太多了。先不要说人类在物质上对动物资源的依赖，在心理层面离了它们也真的不行。在这个星球上，人类是最孤独的生物，需要动物给予我们信赖与温暖，如今流行的宠物热正说明了这一点。在我们的社会生活中，没有孩子或孩子已经长大离家的妇女会对猫狗疼爱得跟对孩子似的。这类似于精神分析说的“移情”。看来情感对于人来说不仅仅是一种需求，也是一种压力，所以人千方百计地要把它释放出去。

心理学认为有三种人对小动物可能会形成过度的宠爱和

依赖：一是孩子，二是单身男女，三是老人。孩子需要朋友；单身男女需要陪伴；老人需要精神寄托。积极地看，是人在通过对动物的友谊来补偿人际情感的不足，宠物成为一种心理替代或投情的容器。换个角度，这种宠爱也是孤独的人在利用动物来逃避空虚与寂寞。当然，宠物也可以用来实现人内心难以昭示的控制欲与占有欲。爱一个人，可能会遭到冷落和拒绝，你的宠物却不能拒绝你，也难以冷落你，它只有依赖你才能生存，宠物对你所有的关爱都会报以感激。

从你的言语中可以感觉到你对动物的宠爱更像是一种情爱的补偿，替代了你对真实情感的需要。你的内心也许是孤傲的，不能平等地接纳一个恋人；也许是怯懦的，害怕被人背叛或拒绝。养一只温顺的、会讨好你的、不会拒绝你的、与你不死不休的小动物是再合适不过了。我年轻的时候，邻家女孩养了一只猫，她与别人恋爱时要先带对方回家，看自己的猫亲不亲近对方，喜不喜欢对方，我们都笑她有点儿痴迷。学了心理学后我才知道，那是一种被歪曲了的、对安全的需求。

在我的咨询生涯中，有一个三十来岁、离了婚的女子，没有孩子，却养了 6 只猫，其中一只是公猫。她的快乐就是把公猫关在阳台上，让它与母猫们只闻其声不见其面，或虽见其面却难近其身。邻居们抱怨说那公猫的叫声“惨不忍闻”，但她自得其乐。这种心理机制被称为“转移”。她把对前夫不忠的愤怒转移到可怜的猫身上。另外，她把公猫关起来，也是一种心理补偿，潜意识里埋怨自己没有管住丈夫，让他受到了年轻女子的诱惑。所以她对我说:“我总得小心地看住那些母猫，一不留神它们就往阳台上跑。”对动物情感的拟人化是出自人的需要，对动物其实是不公平的。所以，希望你的博美狗只是你的朋友，而不是你的“情人”。

家有同性恋老公

我读了老公笔记本中别人给他的一封情书，发现自己深爱的丈夫竟是同性恋。我用了一个月的时间平静自己几乎崩溃的神经，连哭都哭不出来。但我不能跟任何人诉说，怕伤害他，只是感到一种彻彻底底的绝望。

你的信给我呈现了一种生活的真实。真实的东西常常意味着不完美和不和谐，甚至是易碎的和易变的。你的内心对家庭曾是那么认同和满足，读了那封情书，过去的幸福欢乐似乎就不曾发生过或不会再发生了，过去的真实似乎也就不再是真实的了。其实，你的生活并没有变，生活还是那种生活，只是你的内心感觉变了。在我的咨询经历中，因配偶是同性恋或存在同性恋情结前来求助的人确有不少。他们都有强烈的被伤害感和失落感。我很理解你信中那种“彻彻底底的绝望心情”，更让我感动的是你的宽容和善良，你的丈夫遇到你是他的幸福。

同性恋在今天的生活中已是公开的秘密，你没有生活在那种情感层面，不理解和不接受是很正常的。虽然美国性学家金赛认为每个人都潜藏着同性爱的能力和情结，但要发展为真正意义上的同性恋对大多数人来讲仍似登天。人类的情感的确是非常泛性和具有多元化色彩的，人们可以爱阿猫阿狗，为何就不能爱同性？就家庭的稳定来说，一个同性恋外遇并不比一个异性恋外遇对家庭的伤害更大，相反，同性恋外遇并不鼓励家庭解体。你的丈夫是同性恋，不排除他同时也可以是一个好丈夫，这两者之间看起来是矛盾的，实际上又可以是统一的。他是同性恋者，但同时他也可以是一个高尚的、有道德感和责任感的人，也可以是一个可爱的和值得你去爱的人。

此时此刻，相信你的内心正在承受着痛苦的冲击。心理学认为，痛苦是扩展人们对生命的体验最好的途径。经历了这场情感风暴，无论你的生命之帆朝向何方，你生命的存在形式已经超越了其他人。对今后的生活你可能要面临选择。

第一种选择可能是维持。因为大多数同性恋者其实过着双性恋的生活。在德国，我曾访问过一个由两个女同性恋者——莉莎和凯蒂组成的家庭。莉莎有一个两岁的小女儿，她们共同抚养她，为此我曾有些惊讶。但凯蒂说：“我们各自还有自己的男性伙伴，情感应该是多种形式的。”维持这样的家需要你的成熟和勇气。首先，你需要承认人类情感的自由属性，在家庭层面，你的丈夫属于你；在其他层面，丈夫属于他自己。爱他就必须欣赏他、认同他，以此来保留你轻松的心境。

经典的精神分析学说认为，同性恋者有一种自恋倾向，所以你需要直言对他身体的喜欢，在性生活方面，你需要表现出一定的“男子气”，表现出主动与进取。在当代开放的性爱观中，任意两人之间都可以实现任何类型（同性和异性）的性爱方式，这里没有应该和不应该，只有愿意和不愿意。

第二种选择就是离开。保留你的内心纯洁与性爱完整也是你的权利。在我的门诊中，大部分咨询者选择了离婚。给我印象最深的是一对从加拿大留学回来的夫妻（他们有一个 4 岁的孩子），因为丈夫有了一个同性伴侣，妻子要求离婚。3 年后，前夫告诉她，他的同性恋情结玩完了，要求复婚。妻子找我咨询，我支持她复婚。现在又过了 3 年，他们的夫妻关系似乎越来越好。离婚不一定是逃避，分离可以让双方拥有更大的空间来帮助自己成长。生活不仅仅是情感的，它更是现实的。不妨听听你丈夫的意见和打算，看他在夫妻情感责任上还能承担多少，以此来决定你对婚姻的取舍。

第三章

想象助你度过困境

心理困境只是生命自我发展在某一阶段、某一时刻的变化，与过去、未来既相关又不相关。如果认定相关，我们就受制于它；如果能理解其不相关，我们便可以更自由地发展。

想象助你度过困境

我今年27岁，是在读研究生。我是一个名副其实的自作多情的人。从初中一直到现在，凡是对我好的异性，我就觉得是对我有意思，这样造成很多误会，也给我带来了很大的痛苦。我谈过一次恋爱，可是即便在谈恋爱期间，这种状况也没有改变。

无意识地希望得到别人的关注和喜欢几乎是每个人天天都在做的事情，唯一的区别是有人不把它当回事，有人把它当回事。读初中时正是青春萌动的年龄，是人际关系的苦恼期，也是朋友之间友谊的建立期，对他人的关系联想会伴随我们逐步实现自我认同。喜欢自己是自我认同的一个重要心理过程。对一些人来说，喜欢自己有些不容易，这就需要通过感觉到别人喜欢自己来补偿自己对自己接纳的不足。感觉周遭的男生喜欢自己是一个充满内心建构且甜蜜的自我满足的过程。当我们的自我感慢慢完善，对他人的期待就会相对减弱。通过美好的自我想象来度过困境历来就是人类面对复杂世界的最佳途径。

我猜想，你在青春期的时候内心既孤单又热烈，孤单时幻想有一段关系就不那么孤单了；热烈时就把这种想象的爱投射给别人，期待别人给予回馈，结果愿望落空。现代人的心理痛苦基本上都是人际间的痛苦，除了不去期待，没有更好的处理策略。幻想别人喜欢自己也许是人际不安全的外显，如果一个人喜欢自己就不会伤害自己，喜欢是一种生命的结盟关系。不过，爱不是，爱需要付出与获得。心理学认为，爱与情感大多是被我们自己投注而成，你感觉对方喜欢你是因为你心中有喜欢，不然不管别人如何在意你，你都觉察不到。别人说："你为什么老看我？"那你可以说："你不看我怎么知道我在看你！"生活就是爱恨情仇的事，你心中有爱是你的幸福，不必为此事烦恼。

对情爱的白日梦是生命最节能的行为，对异性的想入非非并不妨碍你美好的生活与爱情。是因为你认为这样不好，想终止这样的感受才妨碍你自如与自在地活着。

从不叫他爸爸

我今年26岁，有一个严厉的爸爸，他总是动不动就训我，20多年了，我从不叫他爸爸。我心里难受，爸爸心里更难受。我和母亲相处比较融洽。爸爸常年出差在外，我对他既亲近又陌生（有时很讨厌），我们时常闹矛盾，谁都不让谁。我心里很矛盾，不见想他，可见了又恨他。

女儿与父亲永远有一种微妙的亲密，父亲是女儿生命中第一个亲密接触的男性，作为男性象征的父亲会对女儿在性别角色与性意识发展中起重要、深刻的作用。很多女性找男朋友会下意识地把父亲作为参照。父亲与女儿在关系上要经历三个阶段：女儿5岁以前对父亲既排斥又吸引，厄勒克特拉情结正是指这一阶段。此阶段父亲如何建立女儿对自己的依恋和接纳很重要。如果父亲严厉或情绪暴躁，让女儿感觉到害怕与不安全，那么女儿对父亲可能终身存在着一种既想吸引又排斥的心理纠结。如果父亲没有恰当地表现出对女儿的爱，或者让女儿在发展与父亲的关系时遭受到严重的挫败与创伤，那么隔离对父亲的爱就是一种正常的心理防御。拒绝叫爸爸正是这样的一种心理状态。

如果期待不能实现就去否定这个期待，那就类似于狐狸与葡萄的故事。爱是容易受伤的，当我们滋生出恨就好受多了。我们恨一个人就会总去想他，这样想会合理化自己对父亲的情感纠缠。在你的故事里缺少对母亲的描述，不禁让我联想，会不会是母亲的“弱”增强了你与父亲的对峙，很多女孩似乎是为了帮母亲才和父亲纠缠的，这种母女同盟在某种意义上是对父亲的控制。在心理学看来，入骨的恨与铭心的爱是同质的，都是一种因期待而发的情绪。如是，你对父亲的汹涌澎湃的恨也可以慢慢转化为涓涓细流般的爱。问问自己，如果父亲在这个世上就剩一天的时间，你会做什么？建议趁父亲还健在，你能鼓起勇气直接说出对他的爱，并告诉他因为爱得深，才会有这些理不清的纠缠。

为什么潜意识会抵抗婚姻

我是一名普通白领，和男友交往8年，我们是大学同学。但到现在为止我一直非常抗拒婚姻，总想到结婚后要涉及财产权益的问题。还没结婚就想到离婚会非常麻烦。朋友说我有婚姻恐惧症，我是否真有这样的问题呢？

你的症状好像不能算是标准的婚姻恐惧症。有婚姻恐惧症的人在结婚前是渴望婚姻的，谈及婚姻时也会产生一种轻度的兴奋与恐惧，但多半未意识到恐惧与结婚有关。随着结婚日期慢慢逼近，也许焦虑会越来越严重，有的人甚至会歇斯底里地发作，最终使结婚这件事泡汤。类似案例中最经典的要算茱莉亚·罗伯茨演绎的《落跑新娘》(*Runaway Bride*)。不过，不管一个人对婚姻的恐惧有多强，只要还想结婚，总会遇到一个比较安全、耐心、不着急的男人，像脱敏治疗般让你平息恐惧。或者遇到一个梦中的白马王子，使你还在热恋中，来不及多想已经嫁了。

你不愿结婚显然不是潜意识中的抵抗，而是理性思维的结果，这要算是一种生活态度。21 世纪的人都有一种自在的生活态度，不太能容忍别人，爱情是简单的，生活却极其复杂。

为什么潜意识会抵抗婚姻呢？心理学比较常见的说法是，早年与亲人间的关系模型影响了孩子对亲密关系的信任。孩子在与母亲或父亲的关系中体验到一种矛盾的感受，如依恋与分离、安全与害怕、亲密与冷漠……孩子小时候长久地处在这种情境中，长大后难以形成稳定的对亲密关系的信任。当然，我不太喜欢这样的解释，因为这样的因果推论会让人感觉自己似乎有障碍，非要经过自我成长与关系更新才能得以解决。另一种解释是，最能走入婚姻的爱情一般是恋爱的前两年，因为相处久了，互相探索的动机就丧失殆尽，结婚的意愿也变得低下。

不过最好是用接纳的方式来解决。如果我们承认人是不同的，人对情感与亲密距离的需求也是不同的，就像大自然有独居动物与群居动物一样。独居的动物只在发情的时候会与异性在一起，群居动物则不管有无性兴趣，彼此依恋都是生存所需。所以就权当自己是独居动物好了，喜欢的时候在一起，但各自有自己的巢穴与领地。如果我说婚姻中的男女其实还是精神层面的独居动物，你会怎么想？相爱 8 年的你依然没被男友控制（也许是他想娶你的原因），真是不简单。

你的男友爱你 8 年依然没有迷惑或征服你，内心也真够柔软。世界就是这样，上帝把自己造成什么样，就照单全收吧，至于别人爱怎么说就让他说去好了。

自由自在做自己

信念是精神层面的，人的信念是如何产生并持续的呢？我想成为人格完善的人，可总有很多杂念让我放不下。怎样做才能自由自在地做自己又不影响他人或不被他人影响呢？

真正的人格完善是靠成长来解决的，生命是一个缓慢展开的过程。就像蝴蝶的蜕变，人的生命在青春期前是“虫”，青春期自我结了茧，青年期后生命开始从茧里突围，慢慢晾干自己，到了成年期我们展翅高飞。我们不能说作为虫、茧，作为湿漉漉、皱巴巴一团的我错了，或者人格不完美、不完善。成为蝴蝶之前的每一瞬间生命都是美的、完善的。人的内在蕴含着生命的全部信息，在不同的阶段会有不同的人格魅力呈现出来。一个竭力想完善自己的人，其潜台词是不那么喜欢当下的自己，如果作为虫子的蝴蝶不喜欢自己，认为飞翔的她才是完善的，那么等我们能够飞的时候已经被自我否定，磨灭了展翅的勇气。我不认为人有一个真实的自我，或者人真的有一个叫人格的东西，这些只是语言的建构物。人对自我的认同其实也是观念与言语的产物。

“自由自在地做自己”的唯一办法就是无条件地接纳和喜欢自己。生命是一种偶合，也是一种和合。我曾说人有四种关系（与自己，与他人，与社会或现实，与自然），首先是人与自己的关系，人跟自己相处好了，生命本身就自由且圆融。人如果无意识地否定自己一部分，喜欢自己一部分，就会造成内在分裂，心理的冲突与痛苦大多由此而生。所以，喜欢毛毛虫的你与喜欢蝴蝶的你，在生命中是同等重要的。

生命是一个人的旅程

我工作很忙，很少有时间休息和旅行。可每次休息时，就连休闲娱乐的事情都觉得是赶着去做，急着起床，急着去游泳、看电影，甚至去旅行都好像是急着到了地方，又急着走。这种感觉从小就一直折磨着我。其实，我很想安安静静地只是呼吸一下新鲜空气。

“从生的那一刻起，生命就持续地走向死亡。”如果你知道这句话,你还会那样急匆匆地迎向死亡吗？古人造字“忙”，指的是“心亡”，没心的人才会忙。佛学有一个极高的境界，是对曾经发生、正在发生、将要发生的一切不在意，连当下都没了，那整个宇宙已经与你包容。人生如旅行，那么旅行的真谛是什么呢？

（1）独自。生命永远是一个人的孤独，只有一个人的旅游才能融入当地文化，体验到万千世界的美丽。如果你身边有朋友，那么旅游只是你们的交往，虽然改变了环境，但你的体验、感受大多仍维持在原来的心理现实中。

（2）旅游不需要真正的目的地。多少有些随心所欲，走到一个地方住下，呼吸那里的空气，感受那里的山水与人文，有一天突然想走了就走。生命中的随性更能体现生命的价值，但是谁又真的能看破事业的羁绊、亲情的牵挂、责任的拖累呢？只有在生命结束的时候，人才会意识到那些才是生命的本真需求。

（3）旅行的真谛是爱。爱这个世界，爱全世界的人与跟人有关联的文化、习俗、情感。你对生命充满爱，爱自己，爱他人，爱社会现实中的全部存在，那么，你的心就永远在旅行的路上。

旅行中不需要幻想，要把每一次行走本身看成是约会。当遇到一个感觉很美好的地方时，停下脚步，从此与之相守再也不离开，这也是一种生命极致的美。正如我们寻觅爱人，当一个人真正走进了我们的心，我们也走进了他的心，于是从此厮守再也不分开。爱需要勇气，需要我们放慢脚步去体味对方，融入并穿透彼此。

匆匆忙忙地旅行更像是逃避。一个女子还不想与人分享爱的时候，正是靠匆忙来逃避与人深层接触的。慢节奏的生活可能是我们最需要倡导的生活！

你不是被他珍惜的那个人

我喜欢上一位风趣幽默的老师。他的夫人两年前去世了，他一直很痛苦。我喜欢重情义的男人，我开始联系他，可能攻势太猛，他拒绝了我，但我没有放弃。前两天他主动约我，我们聊得很开心，彼此都有些紧张、兴奋，我感觉幸福极了。但之后他仍然和过去一样。一直主动的我，有时想干脆放弃算了。

你不曾拥有他，也就谈不上要放弃他。你要放弃的是你内心的一个影子，是被他吸引而产生的美好感觉，这是你内心欲望、幻想、喜悦等情绪的外化，只是你以为是他的存在给你带来的。爱情永远是一个人的，你爱他就会看到、感觉到他的言辞、表情、行为中也带着对你的关切。不过，大多数情况下只是自己喜欢坠入这种感觉而已，与对方关系不大。

你喜欢人的方式值得分析。他是外在幽默风趣、内心却饱含创伤的人，他有情欲却因为重情义而隐忍，他在爱情上“被动”，却又会回馈你发出的邀请（开心交谈），他甚至挫败过你，但你不放弃。他从不主动亲近你，但也不拒绝你主动去亲近他。不知你是否知道，爱父亲的孩子在感情中往往会感觉很累。这样说并不是想告诉你，你有恋父情结，而是要提醒你，我们对别人的印象其实是我们的内心在不停地寻找我们过去也曾有过的感受，这种感受会无意识地投注在被你关注的人身上。

你“幸福极了”，这种感觉值得怀疑，这种幸福感源于长期的欲求不满，内心压抑的许多幻想终于有了出口，精神分析学把此称为肛欲期的满足方式。从你的叙事方式来看，我猜你们在一起发生了许多事情，“紧张”和“兴奋”这两个词一起使用跟描述初次快感没有区别。如果身体没有做爱，那么精神上是做了的。好吧，放弃那个男人吧！最好的解脱就是这样想：他只是在孤独与欲望不能满足时才会找你，你不是被他珍惜的那个人。

何谓自我探索

我 40 岁，属于自我探索比较深的人，可是我觉得自己并不快乐。我发现，探索越多、越深，从现实生活中获取快乐和幸福的能力越弱，而一些负面情绪也不时地纠缠我。我身边有一些人活得很简单，从不想深刻的问题，但依旧快活。探索自我一定有必要吗？

我猜你并没有真正了解自我探索的意义与方法。现在市面上流行的“自我成长小组”不能算是自我探索，只能算是用心理分析，或者用被老师篡改、误读的心理学语言重新编译或建构我们的过去。这样的自我探索充满创伤感，尽管这样的探索背后有所谓的整合与疗伤，但据我的经验，老师往往把更多的精力放在“发现”你的问题上，把痊愈的责任更多地推给你自己。这就是为什么自我探索会激发更多的负面情绪，增加人的丧失感——伤口被打开，却没有人告诉你怎么把它缝合好。

自我探索有两种形式。一种是按照某种理论或言语模型去梳理自己的过去与现在、内心与现实、自我与人际。可这不是探索，而是重新把自己言语化，因为结论是现成的，你只需要知道，不需要思考。尽管这样的重新建构是一种对过去的解放，会让你在短时间内有释放感，不过，新的言语诠释又会像枷锁一样，让你失去被解放的滋味。你的信里有一个字——深，这是经典的精神分析说法。有没有更深的自我，或者有没有确实的自我边界，心理学至今都说不清。人能够知觉到的自我仍然是自我的投影——镜像自我。

第二种自我探索是对自我觉知。没有言语、分类、对错，没有批评与判断，你能知觉的一切都是自我的部分，宇宙、自然、人与物、存在与虚无、生与死，你能感觉到的都构成你的自我范畴。自我探索就是扩大知觉的能力与范围，类似于“达摩十年面壁”，从对自我的知觉展开对宇宙、生命的探索。

真正的自我探索是不能借助言语的（心理分析是很暴力的言语）。唯一的工具是感觉，唯一的技术是接纳与认同，要达到的唯一境界是无限。不然，所谓的自我探索得出的结果只是言语产物，这样的探索当然还不如那些活得简单、从不对自我进行探索的人。

学习让情绪自然地表达

父母对我很好，我表面上对他们也很好，但心里总觉得他们像是熟悉的陌生人。我奶奶最近检查出癌症，家里人都在哭，可我连一点儿伤心的感觉都没有——我在朋友圈里不是这样的。

与亲人间产生陌生感可能是每个人都曾有过的体验，但大多数人没有把它当一回事。当我们把这种感觉与伦理焦虑连在一起时，这样的感觉反倒被固着下来，成为影响我们内心宁静的情绪。

心理学一般认为，与父母的陌生感源于早年的依恋障碍。孩子出生后在与亲人形成深层依恋关系时屡屡受挫，比如父母长期缺席，不够耐心细致，情绪急躁等。缺少依恋能力的女子跟其他人都可以保持轻松、亲近的关系，事业也比较成功，但与亲密的人，如爱人、情人就明显缺乏维持亲密关系的心理能力。

当然，并非所有的陌生感都源于早年的依恋障碍。记得我 12 岁前后，有一段时间觉得自己不是父母亲生的，老幻想有一天自己的“亲生父母”会来找我。孩子在成长中，曾神化了父母在内心的印象，当我们发现原来父母不是那么完美与权威时，内心对父母的印象（客体）就破裂了，我们就突然失去了依恋的根，陌生感油然而生。如果我们早早离家，没有机会重组父母在内心的良好投影，那么，陌生感和孤独感也许会维持终生。

此外，女性的内心世界的非现实感也会造成这样的体验。所以，发展内心的世界是平衡现实不适应的有效办法。你也许需要一种歇斯底里般的情绪来摆脱理性的控制，或者你要刻意培养一种悲情，看悲剧，关心遇难小动物，为别人的故事流泪，或者生一个孩子，陪他长大，这都可以帮助你找到深层的依恋情绪，并让这些情绪自然地表达。

把爱还给自己

30 岁的我，为爱两度轻生后，仍然与他在一起。曾经试着离开过，但在面对一张新的面孔时，却发现灵魂中依然是旧的人。明明是害怕的事物，却一再地兴奋、投入。我在寻找什么？我缺失的是什么？

人们总是在新面孔中寻找旧爱的影子。爱是一个悲剧，因为我们永远爱着的某人，大多数情况下只是我们幼年依恋、少年梦想、青春渴望中，慢慢在内心建构的客体影像。这些影像混杂着我们的依附、叛逆与激情。这个“客体”实际上是本我、自我、超我对性与爱解读的混杂体，它让我们的精神、身体、欲望哪儿都快乐，又不敢快乐得很彻底，未曾满足。

精神分析理论认为伦理与社会道德的压抑使这个客体变得既可爱又狰狞。那么，当一个人的某种行为、言语、气味激发我们内心对那个客体熟悉的亲密感时，我们会把压抑的情绪（被合理化为爱）不假思索地投注给对方，以为是对方给我们带来的狂喜，其实这种欢喜来自内心曾给我们带来隐秘快乐的客体。如果一个人引发的我们的客体投射很强烈，会形成一个心理印刻，让人终身不忘，甚至导致今后无法再对他人产生这样的喜悦感，不再有爱的能力，这在人性层面是很可悲的。所以，我们不能爱一个人很深，爱得越深，自我丢失和灵魂缺失越厉害。当我们感觉到自己过分地把内心爱的能量投注给某个人时，就要学会节制，并把部分爱还给自己。

你用一种爱的成瘾行为来描述你自己，显然是诱导我相信你有一种被心理学标签化的依恋障碍：明知关系会伤害自己，却欲罢不能，强迫性地重复这一种情感创伤模式。这样的问题往往需要三个前提:（1）从不曾真正地爱过自己；（2）幼年时在母体依恋中受挫，客体残缺;（3）低自尊与性感缺乏。爱表现为强烈的关系依附，性被用于关系的建立与固着，外表似乎很开放、很性感，内心却充满压抑与欲求不满。不过，我不喜欢以上这样的分类与解读。某种意义上，这些分类系统只是精神分析的言语产物，不是存在本来的样子。人对爱的痴迷应该是人性中最美妙的东西，如果先把自己爱得好好的,善待自己,不轻易牺牲自己去迎合他人,那么,无论你渴望、体验、得到多少爱情与性，你仍旧是身体健康、灵魂饱满的。

怎样摆脱父母的控制

我 28 岁，只身在外地工作，家里有一对控制欲很强的父母，每隔几天给我打一个电话，要求我过他们指定的生活。接他们的电话让我感觉非常累。他们没什么爱好，对我喜欢的事情也毫无兴趣，我不知道该怎么跟他们相处。

感觉被人控制有时不只是源于控制本身，也源于自己有一个尚未成熟、缺少自由感的内心。是不是你还有一些可以让他们担心的事情？或者在你离家前没有赢得他们足够的信赖，使他们放心。一般来说，在自然状态下，16 岁以后，孩子开始有自己的主张，并向父母索要一些空间和自我做决定的权利。开始，父母不放心，会亦步亦趋地指导着。但慢慢地，孩子会赢得父母的信任，确立了自己在家庭中的位置。到 20 岁，孩子开始对家庭事务发表看法。由于孩子总会比父母更适应现时的社会，所以通常父母会全方位地接纳孩子为一个家庭的决策者，而非一个需要被照顾的人。当然，父母由于长期养成了一种生活方式，所以尽管让出空间接纳孩子相对新潮的生活，他们仍会有些不适应。等孩子长大离家后，父母会回归自己习惯的生活，也会让自己的孩子在全新的世界里展翅飞翔。

如果你在离家前总是让父母很操心，那么你离家以后父母变本加厉地想操控你的生活就不奇怪了。当然，也会有些特例，父母对孩子产生了深层依赖，但自己不能察觉，父母把这种依赖投射在孩子身上，总觉得孩子幼稚，依赖着自己。这是一个自我求证的过程，因为父母内心已经先行认定孩子是可依赖的，就会从孩子身上看到许多证据。是否是依赖孩子的父母可以根据以下表现判断：（1）缺少自我价值，孩子是他们唯一的价值；（2）家庭内部缺少边界，不能容忍隐私，包括进入孩子的私生活；（3）权力欲，习惯替代孩子思考，不允许孩子有自己的主张。这样的父母会感觉——没有你，生活就不再有意义。

如果你的父母真是这样，以下方法可以帮助你：（1）可以对父母的话“言听计从”，甚至添油加醋，让父母感觉你比他们更小心。该干什么你依旧去干，只是不让父母知道。（2）报喜不报忧，把好消息提前告知，抑制父母打电话来关心你的兴奋感。（3）干扰。告诉父母必须每周什么时间来电话通告最近的生活与身体状况，不然你会吃不好、睡不香。这样，你就主动“改写”了父母打电话的行为意义——“控制电话”会大大减少！

莫让遗憾成瘾

> 今天看宝宝小时候的录像，总是觉得自己对她不够好。因为我一直是很理智的妈妈，做事有原则，不会溺爱孩子。所以她现在性格也不错，没有什么坏毛病，但是再回想以前，心里隐隐还是有点内疚，看着她可爱的小脸，总觉得关爱少了。很想摆脱这种感觉！

书上说所有人对第一个孩子总是充满内疚，我不敢想，怕自己陷入怪圈，越来越觉得自己以前忽略了孩子，或者没有给她充分的温暖。这个债欠下的话就还不完了。

很多时候，我们会突然产生一个想法或有一种感受，在不清楚这个想法与感受到底怎样的情况下，我们可以想一想，有了这个感受（想法），我们的生活有何不同，我们与他人的关系又有何不同。如果一个感受引发了我们某些行为与情感的变化，我们先要平静地想想这样的改变自己喜欢吗？自己快乐吗？自己能从中获益吗？如果是，那么无论这种感受在道理上多么糟糕，结果都是甜美的。如果不是，无论这个感受多么正确也要放弃它。例如，读格林的《灰姑娘》引发了孩子对那个后母和两个懒惰的姐姐的强烈憎恨，那么就不要让他继续读《白雪公主》。

人在 3 岁以前与双亲的经历可能决定他一生的情感与行为。但人有两个补偿期：一是恋爱时，恋爱让我们自我更新，重新获得依恋与信任的能力，获得饱满的自我感与幸福感；二是生育时，在养育孩子的过程中，很多儿时未完成的情结随着孩子的成长，自己内心的孩子也在成长。读你的东西感觉你的内疚感不是指向孩子的，而是指向自己内心的。也许孩子的录像勾起了一些你未处理好的情绪并将这些情绪投注在孩子身上。看孩子的录像时，你是孩子，你对自己的理智与严厉内疚可能是指向你自己的母亲，这样想会不会帮助你处理一些早年的创伤？人们总会去遗憾自己曾经做过的事情，尤其是在不能弥补的时候，这种回忆不断地重复与强化，有时容易成瘾。在绿色环保的今天，我们也要有精神的环保意识，对已经发生的事不在意，相信一切的发生都有自在的意义，这样想是不是让我们感觉轻松一些呢？

如何“助人自助”

朋友们一有了烦恼，都找我倾诉，我的心中不知埋藏了朋友们多少酸甜苦辣，包括他们非常隐私的事情：婚外情、同性恋、单恋的绝望以及非分的欲望、狂想。我守口如瓶，可是背负着这么多秘密，我都快被憋疯了！

你应该算是一个敬业的“民间心理医生”，“被逼疯”的感觉用心理学术语说：是一种心理的耗竭，这种状态会给你的身心带来危险。专职的心理医生在倾听来访者的“秘密”前，要经过无数的职业训练，他们拥有“钢心铁胃”，不易产生对负性情绪的“消化不良”。即便有，他们的身后还有专业督导和工作小组来帮助他们做心情更新。所以，最好的建议是你立即停止这样的助人，赶紧找一个真正的心理医生来解脱你的压力。

有时候，朋友们向你谈苦恼你愿意听，慢慢地他们会以为你喜欢听，久而久之就成了一种条件反射。看到你，朋友们的酸水、苦水就往上冒，不说不得消停。这个时候，说愁道苦就成了双方的“创作”游戏，说有就有，说无亦无。甚至到了后来，也搞不清是你有听的需要，还是他们有说的渴求。日子久了，朋友们反过来会怕你，走路也要躲着你。所以给你的第二个建议是多与人分享快乐，少与人分享忧愁。面对“垃圾倾倒”，该说“不”时就说“不”，不要闹个“眼大肚子小”。

很多时候，听别人的故事可能潜藏着自我的情结，一些连自己都说不清、道不明，没有搞利索的烦心事，再从别人嘴中听到，就会乱上加乱，扰得你内心不安。受过训练的心理医生也经常会被自己内心突然出现的情绪所干扰，好在他会立即停下来给自己做分析。很多没有处理好的问题在这个时候得到了恰当的处理，医生就得到了成长。所以，我的第三个建议是，许多沉甸甸的东西你认为是别人的，有时恰恰是你自己的。正如佛说：“你心中有，眼中就有。”要想听别人说，先把自己的内心变得空灵，不然，在听时、听后，自己的情动、欲动、心动，会惹出大麻烦。

第四章

不执着对错，心才能自由表达

人们总是以自己为蓝本来观察别人的内心。快乐的人认为谁的心里都是阳光明媚的；抑郁的人认为天空总是深灰色的。这种心理现象能发展成一种极端的情景，把不被自己接纳的内心欲望、冲动归咎在别人身上，我们称之为“心理投射”。

在投射作用下，偏执的人随时提防别人的攻击，也随时会感觉到来自社会的敌意；吝啬的人感觉谁都会算计他，钱放在自己兜里才踏实；好色的人对美丽女子动心，会以为是对方在诱惑他……殊不知，当一个人过多地沉浸在这种内心感觉里时，真正的现实与他内心的距离就越来越远了。

不执着对错，心才能自由表达

每次跟别人谈完话，我的脑子里就会反复出现谈话过程，担心自己说错了话。别人早把谈话忘掉了，而我还纠缠在这里面，感觉很累。

担心自己说错话实质上是一种人际敏感，说明你还处在一个充满困惑的年龄。说实在的，大多数心理问题都是被自己努力建构出来的，这是一种指向自己的“执着”。人在成长的某一阶段，都会用一种非此即彼的直线逻辑思维来认识这个世界和认识自己，把事物分成对与错、是与非两种状态。你现在正处于这样的年龄，你的痛苦是一种成长的痛苦。解决的方法大体上有两种。

第一种方法是接纳。把这种人际敏感看作是一种培养记忆的“游戏”，喜欢它，不要排斥它。敏感本身是一种不自主的形式，把它变为一种主动的、自主的形式，它所引起的烦恼就会大大减少。精神能量最怕压抑，你不再压抑它，精神的动力就会很快衰竭。

第二种方法是等待。相信成长的力量是世界上最原始、最伟大，也是最不能抗拒的力量。人际敏感只是一种年轻的伴随状态，只要生命在继续，它就只是生活中的一个“过客”，它来了，但它也会离开。中国古训中说的“三十而立，四十不惑，五十知天命”就是人心智成熟的规律。如果一个人想20岁就不惑，30岁就知天命，那么他首先要放弃对因果、是非的执着。接下来还要放弃对直线逻辑、唯物质主义、唯科学主义的执着，承认存在是唯一的现实，承认存在只是一种状态，没有原因也没有极向，也就无所谓对错。语言一旦说出去，别人听了怎么想，有时你根本猜不到。每个人对语言含义的理解本来就不同，听话的时候每个人的心境也会不同，对语言引发的心理联想因为个人的生活经验不同也会有所不同，那么多的不可知因素同时存在着，去思考自己语言的对错是多么无聊啊！放弃对错，你才会获得思想与表达的自由，也就获得了社交中的快乐。那个时候，什么样的烦恼都再难纠缠你了。

你害怕被拒绝吗

我内心总想讨好别人，即使十分影响自己的生活，违背我内心的情感和理智，我也不曾拒绝过别人。我害怕当说出“不”的同时，会伤害到别人，我想学会说“不”的技巧。

其实，谁的内心都曾有过想讨好别人的想法。小的时候，我们讨好父亲、母亲，讨好邻家霸道的男孩、女孩。长大后，在许多情形下，我们仍旧不得不违心地摆出笑脸来维持社交礼仪。这是生活的无奈，也是人性的无奈。但我个人以为，讨好别人应该有两层含义：一是进攻，利用人性喜欢恭维的弱点达到自己的目的；二是防御，利用讨好达成情感同盟，给自己争得相对宽松的生存环境。所以，讨好有时也有积极的一面，对人际关系带有建设性的功用。你所说的讨好可能掩藏着一种内心冲突，提示你对人际交往有一些不安全感。

判断人在社会交往关系中的心理成熟度有两个重要标

准：一是看能否自如地对别人说“不”，拒绝别人是需要勇气的；二是可不可以主动地要求别人帮助自己，接受被别人拒绝同样需要勇气。两种心理色彩常常具有同时性，有其一必有其二。

心理学把人的这种希望讨好别人，不能自如地提出要求，又害怕被别人拒绝的心理状态称为“被拒敏感”。这样的人既不能自如地对别人提出要求，又非常害怕被拒绝，不知道如果被拒自己是否能保持内心平和；同时，又很难自如地拒绝别人的要求，不知道如果拒绝别人接下来又会发生什么。结果，这样的人看起来是一个热心人，总在答应和帮助别人，但内心的苦处和人际烦恼难以言表。

害怕说“不”的人有一种心理投射，说“不”未必能伤害别人，只是自己内心受不了被人拒绝，所以也不敢拒绝人。反过来，执着于说“不”的人，也有一种心理投射，由于总对自己说“不”，也条件化地对别人说“不”。不会拒绝别人可能是每个人在社交环境中都要面对的。究其根源可能还在于小时候你的父母是否允许你说“不”，或者你是否有足够的说“不”的经验。所以，被拒敏感是人在社会成长的一个必经阶段，相信它会自然地来，还会自然地走。你需要对你的苦恼有个积极的认同，想想不会拒绝别人也不全是坏处，至少你看起来很美，也容易得到别人的感激。

人们说“不”一般有两种方式：一是嘴上说“不”，身体或行为却在说“是”；二是嘴上说“是”，身体或行为表达的是“不”。被拒敏感的人就是后一种情况。那么，有哪些说“不”的技巧呢？可以温柔地拒绝：“我可以说‘不’吗？”可以委婉地拒绝：“如果我知道……我会帮你的。”可以迂回地拒绝：“如果你可以等上几天，我就能帮你了。”可以巧妙地拒绝：“我也正为这样的事犯愁呢，正想请你帮帮我。”可以直接地拒绝：“抱歉，我也不会。”也可以强烈地拒绝：“别惹我，我烦着呢。”其实，说“不”可以不需要什么技巧，想说就说，没有技巧也是一种技巧。

自言自语是一种“带响”的思维

我不太爱和别人交流，觉得人和人之间的交流多半是无效的。最近，我却发现自己稍不留神就喜欢把心理活动说出来，好像自己在跟自己交流，这种自言自语是病吗？

人是需要语言交流的，如果你不和别人交流，你就不得不进行与自己内心的交流。与人沟通常常有三个要素：（1）交流的对象；（2）交流语言的表达；（3）沟通的目的。对应的分析有心理学层面的：交流的欲望；语言学层面的：交流的技术；效率学层面的：沟通目的性是否存在，是否常常可以达成。你在与人交流中的无效感也需要做这三个层面的分析，但你并没有一个具体的交流情景供我分析，所以我只能在心理学层面作一般性的描述。

你的自言自语是在稍不留神的时候说漏了嘴，像是一种思想的泄密。心理学一直对说漏嘴、口误、白日梦一类的现象给予深刻的心理学含义，认为这是内心被压抑的声音，是潜意识突破意识阻碍的一种直接显现。所以，我建议你把一不留神说出来的东西记下来，自己去研究和联想，寻找到内心对应和自我疏导的方法。

自言自语是一种专注思维引起的现象，反映一种比较压抑、凝重的心情，一般来说算不上是一种病。什么样的自言自语是病呢？它必须符合精神病理的特点：语言表现出思维形式的障碍（思维中断、破裂、不连贯）和思维逻辑的混乱（荒诞性），或成为一种“带响”的思维，或纯粹是在和一个虚幻的人说话（幻听），还要看是否伴随有社会功能的受损和自制力的缺乏。如无后两者，无论你的内心有多混乱，都只能被看作是人类精神和文化的多样性的结果，而非病理现象。

解决此问题的办法是增加自己与人交流的欲望，这种欲望可以通过好奇来促进。想知道身边的人对同一问题怎么想、怎么看，你就需要问问别人。另外，还需增加交流中的快乐。

如何获得交流的快乐？如果你的交流是立足于分享，而非谁对谁错、谁是谁非，交流本身就会给人带来轻松的感觉。如果对方说你错了，别生气，因为你要相信不同的人对问题的看法是不同的，不必为别人的观点去烦恼，除非你觉得你需要改变自己的观念。当然，让语言幽默有趣也是增加交流快乐的一种办法。有时候，交流并没有确切的目的，交流本身就是目的。而且，日常的交流对维持社交层面的亲密感，增加个人对社会的兴趣与情绪投入也有好处。

好朋友是一个大嘴巴

我的好朋友太爱说别人长短了。跟谁都说，不分亲疏。谁的事都说，以此为跟人建立关系的工具。我不喜欢，也不愿意把自己的事情跟她分享了。

你的好朋友正是那种“大嘴巴”(big mouth) 的人。和这样的人做好朋友需要遵守三个原则。一是你不能太坦诚。因为坦诚往往会涉及隐私，也就需要对方保密，但大嘴巴的人最难做到的就是保密。二是你不能太相信对方说的话。相信1/10 就可以了。因为大嘴巴的人往往是想当然的人，他们喜欢捕风捉影、添油加醋，唯恐天下不乱。三是不能太在意好友对你名誉的“渲染”。这样的人其实没有坏心眼儿，只是孤独、无聊与好奇，并不是真心想坑害什么人。

心理学曾把爱说话的人当作“口欲期”滞留的人，说这样的人不是小时候缺少口欲的满足，就是 3 岁还在叼着母亲的奶头。当然，这只是想当然。不过，大嘴巴是一种瘾，一旦形成习惯，嘴巴就关不住，四处漏风。也有人形容大嘴巴的人的耳朵是一张捕鱼的网，时时刻刻都想网住点儿什么，耳朵比较灵，听风就是雨。但大嘴巴的人不太依赖眼睛，眼见的为虚，耳听才为实。有时候，你也要怜悯他，给他讲一些子虚乌有的事，越离奇，对大嘴巴越是精神刺激，他越开心、越上劲。

在特定情况下，人们需要大嘴巴来活跃气氛，打破人们彼此间的冷漠、隔离与防御。在这样的情景下，一个大嘴巴比一个诚实并谨小慎微的人更重要。往往在沉闷的社交环境里，会有一个人自我牺牲充当大嘴巴的角色，来扰动关系，建立彼此的联结。这是由团体动力学决定的，不能责怪这个人天生就漏嘴。你可能会说你喜欢活跃气氛的人，但传播信息需要公正、准确，我们也知道言多必失，说话多的人说错的话也多，做事多的人做错的事也多。知道了这一点，你就可以谅解你的好朋友了。

别跟“恋母”的他谈恋爱

我有一个男同事，平常老跟我作对，公司里都知道我们俩是死对头，最近他居然厚颜无耻地说他一直在暗恋我，这是怎么回事？

你的信让我想起一个成语，叫欲盖弥彰。《资治通鉴》上说：“畏人知，横加威怒，欲盖弥彰，竟有何益！”意思是害怕被别人看出内心的企图，而故意表现出相反的态度。心理学把这种心理现象叫作“反向作用”。这是一种较幼稚的心理防御机制，多见于青春期的少男少女。由于性的觉醒对异性产生了好感，却要拼命地压抑这种需求，在行为上表现出回避异性甚至贬低和攻击异性的色彩。

让我感兴趣的是，你的男同事是怎样把这种不成熟的心理防御延续到了现在，像过家家似的玩这种“明修栈道，暗度陈仓”的把戏。他对你说他暗恋你，你可以相信也可以不相信，这要取决于你是不是在意他喜欢你。相信他暗恋你，就意味着接受了他的道歉，让很多日子攒积起来的不满在一种理解万岁的感觉中消隐。不相信意味着拒绝，交流学上的意义是“占了便宜还卖乖！”

我想，如果你的内心足够坚强，那你应该帮帮这个男人，他对情爱可能有一些怯懦和害怕，他缺乏和所爱的人平等相处的能力。在这样的心理下，当他爱你，就以为你应该感激他，所以对你就有了苛求，就有了不满，就有了要跟你理论争执的欲望，而你还一无所知，蒙在鼓里呢。另一种情况是恋母，他可能无意识地把你当成母亲，也许是因为你的某些性格、长相或对他的态度让他联想到他的母亲，孩子对母亲发脾气是不需要理由的，让他说道理的时候他会说他爱母亲。

当然，千万不要和这样的人谈恋爱，很麻烦。内心缺乏安全感的他很可能喜欢那些看起来柔弱，愿意被他控制的女子，无意识中他要挫败你、打垮你，逼迫你不得不依赖他。恋母的人会喜欢强一点儿的女子，这样他可以随心所欲，所有结果都要你来承担。

婆媳自然是天敌

婆婆年轻时丧偶，独自带着儿子。我和丈夫结婚后,她对我百般挑剔。丈夫夹在中间很为难，我也很累。我和丈夫都是白领，我有自己的事业和对生活的选择，婚姻只是生命的一部分，不是全部，我该怎么办呢？真郁闷！

这样的婆婆不喜欢媳妇是天经地义的，喜欢反倒是一种虚伪。从象征意义看，你的丈夫和婆婆十几年来过着一种类似婚姻的生活，他们除了不能有性生活外，分享着所有的人类可以有的亲密关系。你是闯入者、第三者。你不仅拥有与这个男人的性，还想分享其他的亲密关系，但那本是婆婆的领域，你自然冒犯了她，她自然要找你的麻烦。两个女人都想和一个男人分享亲密，这类似于一种精神的拔河游戏，当然，婆婆最终拔不过你，因为你能为那个男人生孩子，婆婆不能，笑到最后的还是你。除非你自动放弃，或者你的丈夫还是一个需要吃婆婆奶的男人（心理层面上的奶），否则，你不会输。

一个女人带着一个孩子，尤其是男孩子，在没有老公的情况下，极易形成一种深度依恋与亲密，甚至是一种共生关系——你中有我，我中有你。如果是一个丧偶却为了孩子不再去爱的女人，就更为可怕，因为一切爱、情感、情绪，甚至生理需求都必须也只能从孩子那儿获得。这样的母子关系没有边界，没有禁忌，自然也就产生了排他性。这样的关系多少有种病态的意味，但很可能掩藏在文化颂扬的那种忠贞、节烈的正面标签里。你丈夫会很自然地想，我母亲为我做了那么多，牺牲了那么多，我也要如何如何……其实，一个为了孩子不再去生活的女人，不是为了孩子，而是为了自己。面对一个弱小的孩子，她自如地获得了优越感、被需要感和重要感，甚至是不能被拒绝的爱。跟在这样的情境中长大的男人谈恋爱感觉还可以，因为他常常很细腻、敏感、会体贴人；但和他结婚就有点儿像押错宝，会凭空为自己添一个天敌——婆婆。

绝大多数的婆婆都喜欢媳妇，甚至讨好媳妇，以此维持与儿子良好的关系。在旧式文化中，由于高度强调媳妇的顺从，婆婆被文化助长出了一种专横跋扈的气质，媳妇只能忍气吞声。等多年的媳妇熬成婆，她又转过来欺压自己的媳妇，忘了当年做媳妇时的不平。

现在的文化倡导平等和边界，婆婆与儿子之间应当有明确的边界。婆婆在没有儿子“授权”的情况下，不能随意介入儿子的生活。家庭内的尊卑也不那么被提倡了，尽管孝顺与赡养老人仍是一种传统美德，但尊卑意识还是明显被淡化了。

其实，真正的问题在于你的丈夫，他无原则地让权才是你和婆婆纠缠不休的根源。他必须长大，建立亲密边界，并有能力对你婆婆说“不”。事实正是如此，当儿子态度明确的时候，婆媳纠纷就变得毫无意义。

你的潜意识在期待什么

我的经理是一个很难相处的人，不管我做了什么，他的第一反应永远是说“不”，好像他的工作就是否定别人，我很受挫，也对他有怨恨。

在我看来，真正的原因可能是你在工作关系中掺杂了私人感情，你在潜意识层面对你的经理有一些理不清的期待和需求。表面上你是在希望经理对你的工作加以肯定，实际上更像是期待一个既权威又特别的人给予你喜爱和赞许。人在所有的关系中都会存在某些心理需求，当你对他人有抱怨的时候，往往会忽视这些抱怨可能正是你的期待没有得到满足所致，你首先需要检查一下自己在潜意识中期待什么。

对一个难相处的人，如果你本身并不想跟他相处，只是公事公办，那你得到什么样的回应都会按照职业关系去解释，不会有那么多的挫败感。不想与谁交往，就不会在意对方是否难相处。所以，你要问问其他的同事有没有相似的感觉。职场关系也会存在一种亲密感，面对重要的人，我们无意识地会希望被喜欢，那么你会捕捉这样的信息。你的上司一本正经地指正你，不在意你的感受，你会有一种错觉，觉得是他故意离你很远，不想让你靠近，这样的感觉是被你的期待所决定的。

你对他显然不是怨恨，而是有一种失落，你没有看到希望看到的东西。其实，站在经理的角度上，他的行为并没有什么不妥，他有权肯定或否定你，也有权重视或忽视你，他与你之间只是简单的工作关系。问题是，你似乎并不满足这样的关系色彩，也不愿适应这种关系模式。当你内心对他服从时，你外在的表现很可能是对立；当你外在表现得服从时，内心就开始电闪雷鸣。建议你回忆一下成长过程，与哪一位有重要关系的人在什么时候是有过相似的心境的。如果能找到类似的体验，那么你会恍然大悟，也许你和权威的人相处时，都有这样不自信与受挫的感觉。

情绪的双向性是一种常态

我有一个同事，她非常敏感，刚刚还和颜悦色，突然就变得气急败坏。尤其在人多的场合，经常令人尴尬得下不了台。我不知道该如何与她相处？

那些看起来让人害怕的人恰恰可能是内心怯懦的人；那些看起来不想惹麻烦的人，内心恰好是非常笃定的人。与其认为你的同事敏感，还不如说她拥有特别的社交技术。这种技术使她摇摆在两种情绪状态中，当好的情绪主导时，跟任何人都能亲近，也喜欢讨好人、取悦人；当不好的情绪主导时，见谁都烦，把不良心情归罪给别人，语言也尖酸刻薄起来。

情绪的双向性是一种常态。有的人起伏小一些，看起来情绪就稳定，也好相处，因为你可以预见他们对事物的反应；有的人起伏大一些，就像你的同事，有点儿难以捉摸和预测，因此也难以适应。不过，情绪不稳定的人特别依赖朋友，在他气急败坏的时候，你和颜悦色，不跟他计较；在他和风细雨的时候，你稍加平抑，不让他的喜悦来得太快、太猛，他的情绪变化就会变得不那么剧烈。

人是一种关系的产物，而关系的维持是双方的事。有时候这种双向情绪只是人下意识地想与别人保持一种合适的心理距离，当他觉得别人离他有点儿远的时候，和颜悦色可使关系拉近；当这种关系亲密得让他有点儿窒息的时候，他又会无理取闹，让人敬而远之。当人们摇摆在宽容和敬而远之两种态度之间时，在社交上的不确定性（敏感易变）就被强化了。

处理的方法有两种：

（1）客观地说，她的这种心理行为并不是一种意识行为，而是一种无意识行为。但如果我们把它释义为一种意识行为，我们就限制了她，因而也可能治疗了她。例如，我们可以表示欣赏她的不可预期性，认为这是一种控制他人的能力，让她自己都觉得无趣。

（2）由于她的不确定性依赖于人们与之交往中的犹豫性，所以，用以不变应万变的方式，可以让她那摇摆不定的动能在人际互动中消失殆尽。

识人是学问

我总是与人意见不合，却又不知道怎么去化解矛盾，有时候这很影响我的人际关系，您能告诉我如何处理人际关系吗？

人总有与别人发生矛盾的时候，当你与人意见不合争执起来，或者你不幸遇到某人专门与你过不去时，你有三种选择去处理。一是主动回避，减少冲突。眼不见心不烦。当然这样一来，你的交往圈子会越来越小。二是主动化解。矛盾往往来自误解，如果你能让身边的人完全信任你，误解可能就少了。不过，这样你自己比较累，因为需要你单方面付出很多。三是示强，针锋相对，看看谁怕谁！这招对怕事的人很有效，但对爱招事的人就大错特错，结果往往会让自己灰头土脸。

在普通的人际交往中，随性而为就可以；但与一个和自己相矛盾着的人相处就要知道对方的忌讳，了解对方的心理需要，知己知彼。不然，对方会觉得你在故意为难他。识人主要靠察言观色，通过对方的眼神、手的动作、姿态判断他的心境和可能的反应。交流中有四种信息。一是语言的信息——他想表达什么？二是语言背后的信息——为什么要这样说，而不那样说？三是身体和表情的信息——他的心情如何？姿态和表情会泄露对方的情绪：焦虑、害怕、愤怒、孤独等。四是对方对关系的期待——想与我接近还是在排斥我？为什么？读懂这四种信息对你如何处理关系很有帮助。

另外，要注意人的个性差异。外表严肃正经的人内心比较神经质，对于这类人，我们以认真的态度对待他们比较好。外表坚强的人内心可能很软弱，对于这类人，我们不要试图挑战他们，因为他们会为了掩藏虚弱而跟你纠缠。死板的人其实是自我中心者，对于这类人，我们不要否定他们，也不要在他们的面前表现出狂妄自大，因为一旦他跟你认死理儿，你也很麻烦。对刚愎自用的人不要去奉承他，唯唯诺诺是容易接近之法，你不能太有主见，因为刚愎自用的人只相信自己是对的。对偏激的人不要一味退让，而要坦诚相待，因为对方可能是缺少安全感，并不是成心要欺负你。对势利的人，只有用互惠才能打动他，因为有用是他交朋友的原则，让自己对他有用，你就可以对他随心所欲。对单纯的人，可以用赞许来搞定，因为单纯的人要用单纯的心去应对，但单纯也有杀伤力，单纯的人大多坦诚，坦诚有时会让人害怕，因为你可能会失去掩饰自我的外衣。对多疑的人，要表现得凡事敏感，让他觉得你赞同他，如果他说窗外那片落叶是一种预兆，你就附和说最近你也觉得不好。对聪明的人，聪明的你最好装傻，那样他会感激你，如果你不聪明，千万别装聪明，聪明的人往往自视很高，一旦看透你的愚蠢，他一辈子都会拿你当笑柄。对霸道的人，惹不起，躲是可以的，这样的人六亲不认，你还是敬而远之为好。对权威的人，尊重他、崇敬他是你得到他认同的方便之门，不过，不要过火，这样的人很怪，他不怕挑战却怕被捧，你太捧他会失去他对你的信任。

人是一种人际关系“动物”，必须生活在人际关系层面，人际关系的互动构成人们的自我感和自我观念。同时，人每时每刻都会对身边的人存在着“关系联想”，这是一种精神自慰式的自我安慰。联想别人对自己投情，凭空就有了对自己的良好感觉。喜欢自己的人，也容易喜欢上别人；尊重自己的人，也愿意尊重别人。反过来，内心缺少自爱的人，很难感觉别人喜欢他；内心没自尊的人，会感觉别人瞧不起他，这是一种心理同化效应。而愚蠢的人总是装聪明，自卑的人会做出极高傲的样子，胆怯的人喜欢做一些让别人害怕的表情。这是心理补偿，越是内在缺乏的东西，越想让别人以为自己拥有。

中国传统文化中也有很多处世哲学。如：逢人只说三分话，不可全掏一片心；别往伤口上撒盐，留心别人的忌讳，不要触碰别人的痛处；说话投其所好，得捧人时需捧人；不去热殿拜佛，只去冷庙烧香；伸手不打笑脸人，恭维话人人爱听；礼多人不怪；难得糊涂；等等。这些处世哲学是民间对人际关系的一些朴素经验。

心理学的人际关系原则有：

（1）不要对别人期待太多，也不要让别人对你期待太多。

（2）保持适当的心理距离。区分亲密关系、朋友关系、一般关系三个社交等级。

（3）学会社交技巧。学习分享、并存、融合与借鉴，不要把自己的意志或想法强加给别人，也不要那么随便地被别人说服。

（4）必要地示弱。在许多情形下，声明自己不能、不会、不懂会使自己少做许多麻烦事、冤枉事，也少得罪人。

千万别把婆婆当妈

我很快要与男友结婚了，周围的女性朋友都说她们的婆媳关系很难处，告诉我很多与婆婆斗智斗勇的方法。听了这些之后不但没让我自信，反而让我害怕，马上要步入婚姻的我，该如何处理未来的婆媳关系呢？

婆媳关系是东方文化中的一种情结。在几千年来形成的家庭关系等级与天理伦常中，媳妇都是从最低的位置开始进入夫家的，首先是要替丈夫侍奉公婆，此为大。然后是替丈夫生儿育女，侍奉丈夫的生活起居。对每个旧文化中的女子来说，当媳妇都是一段忍辱受累的生命经历，没有办法逃避，因此才有“多年的媳妇熬成婆”之说。媳妇成婆的时候不会因为自己曾经的遭遇而宽待自己的媳妇，很多时候反而会变本加厉地对自己的媳妇不好，自己受过的罪仿佛要让自己的媳妇都承受一遍，心里才舒坦。心理学会把这种心理看成是无意识认同，即因为恨自己的婆婆而最终成为可怕的婆婆。

到了新文化时期，一方面婆婆或许习惯了做妈，想维护自己的威严地位，或者只是护犊（爱儿子不爱媳妇）；一方面是媳妇有文化、有地位，争夺家庭主宰地位，不肯屈从旧伦理。结果婆媳之间就产生了许多的纠缠和心理创伤。在两个女人的竞争事态中，儿子既被孝与感恩的理念束缚，又被未完成的青春期逆反鼓动，摇摆在两个女人之间。无意识地让婆媳关系陷入水深火热之中，这个时候儿子成为仲裁者或者拯救者。无意识地让婆媳发生战争是儿子的自我整合与救赎之途，如果他搞定两个女人，自己的内在人格就完整了。对那个无辜的女子来说，被婆婆纠缠其实也是女孩子从简单清纯快速蜕变为女人的重要心理路程，不管多么不喜欢婆婆，媳妇会越来越像婆婆。

相比之下，西方人在这上面要利索许多。西方的文化不那么在意孩子长大结婚后一定要跟父母生活，父母与孩子的关系类似一种“契约”，当孩子长大到 18 岁，父母就不再养育他们，而让他们离家独立地去开辟自己的生活天地。西方的婚姻更趋于两个人的平等，没有东方的“夫为妻纲”作祟，所以媳妇也没有任何义务去侍奉公婆，也就没有婆媳关系难处之说。不过，西方家庭有另外一种情结——后妈。白雪公主、灰姑娘等许多童话与民间故事中都把家庭的灾难归罪于后妈（类似于婆婆），后妈是西方的一种文化创伤。西方的婚姻相对自由，就会存在许多重组家庭，夫妻双方都带有自己的孩子，如何当好后妈就是西方文化更为关注的事情。东方其实也有后妈的情结，只是重组家庭少，问题的普遍性没有婆媳关系那么大，因此没有得到人们足够的关注。观察西方人的婆媳关系可以为东方人找到一些解决问题的办法。在很多时候，西方的婆媳之间更像是朋友。相对来说，朋友关系是比较好处的：（1）有明显的关系边界；（2）平等；（3）没有利益之争或利益共享；（4）没有血缘，也没有上下尊卑。我的心理学同道秋夷女士建议我看看《北风那个吹》，说闫妮演绎的婆媳关系可能是中国婆媳问题的解决之道。这个电视剧中的婆媳关系更接近于西方的婆媳，牛鲜花（闫妮饰）坚持像朋友一样来对待婆婆，最终赢得了婆婆这个朋友。

这让我很有感悟，其实关系也可以靠一方的温柔坚持来实现。东方人普遍的心态是把好的婆媳关系比喻为“亲如母女”，其实千万不要把婆婆当妈，如果你与自家的妈亲，那么婆婆会很让你失望，如果你与自家的妈不亲，那么婆婆无论如何对你也还是不亲。因为依恋是一种能力，跟自己的妈都不能形成亲密关系，跟别人的妈也注定不成。如果不把婆婆当妈，我们对母亲的任何麻烦就不会投注在婆媳之间，很多纠结也就不会产生。为什么要把婆婆当朋友？因为她比你更了解你怀里的那个男人，她有更多的生活经验和技术，她做女人的时间比你长，许多事情你没有经历，她经历过。如果她很幸福，你可以像她，如果她不幸福，你可以借鉴她的生活而找到自己的幸福之路。婆婆为什么要把媳妇当朋友？因为你了解的儿子是那个穿开裆裤、流清鼻涕的儿子，而你媳妇更懂得这个儿子现在的需求，媳妇更了解这个社会，有文化，更有能力给你的儿孙温暖的家。我相信，婆婆与媳妇逐步建立起良好的盟友关系，是东方家庭幸福的根本之路。

第五章

寻爱途中，你爱上的可能只是自己

爱情一直是生命存在并追求快乐的精神动力。精神分析大师弗洛伊德认为生命存在的基本动力是对本能欲求的渴望与对不满情绪的宣泄，由此而灌注的精神能量是生命发展的心理前提。这一理论被所有哲学家、心理学家称为“快乐原则”。

一个人因为有爱而自我升华与更新，这正是爱情的魅力。但是，我们还要清楚地觉察，爱情只是生命的一部分，虽然是很重要的部分，但远不是全部，人生还有很多部分。终身逃避爱或沉溺于爱都是不太可取的，但每个人爱的能量有着天赋的不同，有人天生就是一个激情四溢、爱死不休的“情圣”，有人却清心寡欲、淡泊人生，这是个人的选择。

从女人的婚嫁看女人的安全感

女明星们婚姻选择的心理动机及社会动机是什么？她们的选择对普通女性的婚姻观念有什么影响？她们选择什么样的男人是否跟自身安全感有关？

女明星对婚姻选择的心理动机与社会婚恋倾向是趋同的，不过多少存在一种超前色彩。想想 20 世纪 90 年代初，当人们还在思考怎样留洋出国读书的时候，女明星们已经纷纷嫁给老外，养育混血的孩子。20 世纪末与 21 世纪初，当普通女性还在犹豫追求自由恋爱还是追逐财富的时候，许多女明星已经把嫁入豪门看成不二选择。到了 2010 年，当“80后”新生一代崭露头角，想要活出自己，开创一股自由婚恋之风时，女明星们早已放弃成为富人的花瓶，大秀平民的恩爱，可以说女明星的婚恋观是婚姻时尚的风向标。如果硬要扯到安全感上去谈，那么可以这么说 20 世纪 50 年代出生的女明星更重视名誉与纯情，是传统的贤妻良母；六七十年代出生的女明星更注重经济实力，因为早年的物质饥渴感潜在地制约着她们的选择；80年代出生、经历了社会变革并在开放环境下长大的女明星们，她们更机会主义、实用主义，既可以这样也可以那样。一般来说，缺什么追求什么，对90年代出生的明星来说，什么都不缺，缺的是一种自我感，追求纯真爱情的想法会比以往的明星来得更鲜明、更强烈。

谈到婚恋安全感，人们约定俗成地以为婚姻是女人幸福最重要的因素，中国有句古话，“女怕嫁错郎，男怕入错行”，选择嫁什么样的男人，为谁生孩子，无疑是每个女子心中都很看重的事情。选择一段婚姻，也就选择了一种生活，虽然当代女子可以一嫁再嫁，但在中国男人眼里，婚姻是女人的一种烙印，二婚的女子在婚恋选择上会自动地降低标准。相比之下，男人就有些不同，大多数女人对有女子喜欢过、嫁过的男人更感兴趣，这跟女性集体无意识中的恋父情结有关，比起那些没人喜欢的、没人要过的男人，二婚的男人可能更有女人缘。由于社会对精英文化、财富、权力的集体膜拜，嫁给成熟的男人已经成为年轻女性改变精神与物质生活的一种捷径。不过，需要说明的是，社会学研究的结果往往与心理学的结论大相径庭。社会学观察认为，女性普遍缺乏婚恋安全感，但这只是表象的东西，心理学更重视潜在的语言。男性在婚恋中的优势既可以是女性集体无意识中过于宠爱、迁就男人的母性所致，也可以是女性内在力量通过对精英男性的婚恋来操控这个世界的隐秘行为。但凡创造世界的男人背后，都凸显着一个伟大女性的意志。

婚恋中的女子从来都知道自己要什么，知道自己该做什么和不该做什么。相比之下，绝大多数精英男人在荷尔蒙冲击下更像是一头盲目的公牛，眼中只有那块红布（色），看不到红布后面的人及那人的所思所想、所主张的生活。婚恋中真正不安全的是那个男人，追求美貌、性感好的男人们一定会有不幸的婚姻生活，幸福且长寿的男子全仰仗有一个善良、宽容、勤劳的女子愿意照顾他。不管在什么时代，男人从来不是对婚恋说“Yes”的人，男性永远是处在被女性选择的位置。对男人来说，婚恋的最终目的是选择一个老婆，和她生孩子，为她积攒家业。女人就不同了，从 20 世纪 50 年代女子争嫁军人、干部，之后是工人阶级、医生、司机、大学生、暴发户、外国人……到现在的儒商、精英文化分子、明星、豪门、富二代……女性一直在选择该嫁什么人、该过什么样的生活，而非只选择一个老公。在心理学看来，一个男人哪怕征服了整个世界，也未必能完全征服一个女子的心，而一个女子只要征服了一个男人的意志，就可以获得一个世界。在安全感上，女性只要秉持一个“宁缺毋滥”原则就基本可以了，像电视剧《上错花轿嫁对郎》，不是嫁命定的人而是嫁正确的人。看看一些精英男士，他们经历过的女子哪一个不是女性精英中的精英，哪一个不比男性更坚定、更豁达、更智慧？

如何在失恋后保持清醒

很多失恋的人会选择各种方式自残，我有个朋友也因失恋而几度轻生，我劝了很多次，但她这种用极端方法消解失恋痛苦的情绪还在，请问我该怎么帮助她呢？

说到失恋后的疯狂，最经典的莫过于莎翁笔下四大悲剧中的《奥赛罗》，因听信仆人伊阿古的谗言，奥赛罗误以为妻子苔丝狄蒙娜爱上了别人，在盛怒下他杀死了心爱的妻子，最后自杀在妻子的身旁。敌人无法击倒奥赛罗，妻子不忠的谎言与失恋的痛苦却杀死了他。看莎翁戏剧的观众们明知道苔丝狄蒙娜是无辜的，但谁又能制止住那个男人疯狂的杀戮念头呢？他疑心苔丝狄蒙娜会离他而去，这不是苔丝狄蒙娜的错。爱情有时很像甘甜的毒药，亦如莎翁另一个戏剧《罗密欧与朱丽叶》中，罗密欧在假死的爱人身边喝下的毒酒。朱丽叶还活着，还深深地爱着他，为他不惜躺在充满死亡味道的棺材里等着他，可那个男人以为他失去了她，活着已经毫无意义。有 1/3 发生在亲人间的伤害都是因为失恋所致，我们是否可以说失恋是真正的凶手？现代欧洲人为情轻生，尤其是少女为情自杀大多与丹麦安徒生童话《海的女儿》有关。小美人鱼因为爱上了被她救起的王子，不惜喝下毒药，失去美妙的歌喉与声音，走的每一步都像踩在刀尖上那么疼，只是为了可以与相爱的人厮守。当王子爱上别人，婚礼到来的那个清晨，美人鱼甘愿在晨曦的光华下变成一堆小水泡，也不愿刺伤王子来换回自己原本的模样和 500 年的生命。网上一些关于全球男女失恋后的疯狂行为中诸如吃肥皂、减肥、透支消费、飙车、醉酒等失恋后的行为比起美人鱼来真的算不了什么。

曾有一位女子因男友移情别恋，冲动中穿起白色的婚纱从七楼一跃而下，好在被人半空拦腰抱住，真是千钧一发。这女子小时候读没读过美人鱼的故事我们无从知道，但其做法也算效仿了美人鱼。失恋后的疯狂行为“我为你去死”，或者“我死给你看”这样的隐语让人不寒而栗。失恋后选择自伤、自虐、自暴自弃似乎是人类行为的常态，用躯体的痛苦去置换失恋的痛苦，这是生命的自我保护，目的是让自己可以活下来。失恋的疯狂有时不是自杀，而是像奥赛罗那样将对方杀死，这种行为的意义是“我不能爱你，也不让别人爱你”或者“你不爱我，也不许你爱别人”。

自生命诞生起，婴儿就开始经历一种漫长的依恋丧失过程，失去情人的怀抱非常类似于失去母亲的怀抱，最初也会让人感觉生命不完整。健康的爱情会引发男女似乎重回母亲怀抱的感觉，获得温暖、安全、归属感、悦纳自己与满足，虽让人迷恋，却不会迷失。在这种爱情中的人还可以保持人格的完整、个体的边界，并意识到爱情是生命盛开的美丽之花，但非生活的全部。深度的爱情却是一个人格粉碎器，引发人一种严重的心理退行，直至退行到子宫（情爱）。退行的情爱把两个生命重新孕育在一起，合二为一，这样的爱情体验非常深刻。心理学解释失恋的疯狂是一种早年依恋不足，或者分离障碍所致，失恋是人再现儿时的分离创伤。不过，深度爱情有时会把一个不完美的人变得完美，仿佛情爱使生命再造一般。这类似于佛学中生命的涅槃，毁灭了一个旧的我，得到一个全新的自我。我在婚姻讲堂中曾说过，男人是靠爱情去成熟的，每一次爱都会让他身心的某个地方饱满，爱情经历多的男子也比较宽容豁达。女性除了在爱情中成长外，生育孩子成为母亲，伴随孩子长大，都会让一个女子的生命变得晶莹圆润。

如何保持失恋后的清醒呢？首先要知道爱情属于你自己，得到了就永远在你心中，不要因为对方做了什么而破坏自己心中的美感。你爱的不是别人，是自己心中的那个倩影。爱人有时候就像是一道风景，我们喜欢他是因为在他身边我们充满愉悦和美好，但我们不会期望风景对我们做什么，也不敢奢望把风景据为己有。失恋的时候，把那个人看成是生命中的一道风景，虽然远离了自己的视线，但内心的风景依然可以清新可人。

寻爱途中，你爱上的可能只是自己

我恋爱了几次，开始觉得不错，慢慢就有点儿找不到北。爱情仿佛总是阴差阳错，为什么我总不能遇到合适的人？

我记得20年前读过一篇叫《渡口》的文章，讲的是两个相爱的人分别在两个相隔200多里的县城里教书。眼看假期到了，原本约好假期在甲城相见。耐不了苦苦的相思与寂寞，男友提前两天从甲城出发，满心希望想给乙城的女友一个惊喜。也许是心灵相通，女友也早早结束了教学工作，千求万求让校长多准了两天假，也提前两天从乙城匆匆赶往甲城，也是满心希望要给甲城的男友一个惊喜。一路上她和他都在梦想着如何快乐地在一起消磨这多出的两天……结果阴差阳错，她和他在中途的一个渡口边擦肩而过。主人公们并不知道，仍旧朝着一个注定会失落的结局前行着，依然还在路上甜蜜地憧憬，脸上洋溢着幸福的微笑，但读者却已在为他们扼腕叹息！

我长大成人后，发现这篇文章里有一个很深的哲理，那就是情爱就像是《渡口》里的两个人，都在自己的心路上行进，两条心路会不会交会，交会后会不会分离，谁也说不清。爱是内心的事情，你感觉到爱了，是你内心有爱；你感觉不到爱，是你内心没有爱，或者你内心没有感受爱的能力。

有一句话说：少男少女的爱像是在爱父母，需要的是关心；年轻人的爱像是爱自己，渴望认同；成年人的爱才是爱别人，有着奉献与宽容。后来，我学了心理学才知道，有许多成年人的爱其实也是在爱自己，他可能生活在一种恋爱的幻觉中，现实中的那个人只是自己内心深层的影子，那个影子在自己非常小的时候，在与双亲的关系中就已经形成。

每一种情爱模式都会对应着一种心路历程，像候鸟的迁徙或鱼的洄游。童年在哪儿长大，成年后还要回到哪儿去。在投入一段爱情时，我们应该觉察到潜藏在自己内心的情爱模式，回忆你父母的婚姻关系，重新检视你对父母的评价。这些评价或父母关系残留在心中的印痕可能会给我们自己的恋爱生活带来影响。有时是好的影响，有时是坏的影响。我们在爱情中的感受会受这些印痕的干扰。

如果几次恋爱都不成功，我们就要问问自己，我们是否足够爱自己，一个不那么爱自己的人，也不可能去爱别人。

爱是一种体验，有这种体验的人风吹过是乐，雨飘来是喜，内心洋溢的爱会把世界渲染出美丽的颜色。这个时候，你就会发现爱无处不在。在你感觉你们相爱、相互依偎着的时候，要觉察一下你们的心是否正朝相反的方向前行。想想《渡口》这篇文章，在两颗心擦肩而过的时候，应该高喊一声："爱人，我在这儿呢！"有时候，对方听不见，慢慢地走远了，即便如此，又有什么关系呢，我们爱了，我们就收获了生命。

有没有始终充满激情的爱

有人说爱情的激素只在 18 个月里存在，之后就靠责任和依恋来维持。您认为有始终充满激情的爱情吗？

对始终如一的爱情，无论说“有”还是“没有”都是概念陷阱。首先，人们对情爱的内心体验不一样，所以对爱情的定义也有明显的不同。说爱的激情只存在 18 个月，有说者的理由和依据；说爱情是从一而终、燃烧到底的人也有自己的道理。伦理学家一般认为，爱不是责任，却必须包含着责任和无私；爱不是身心的依恋，但没有依恋，爱就不深刻。我觉得爱的形式是多样化的，姑且不说大千世界无奇不有，单是同一个人的爱，在不同的年龄和不同的情境下，对感情的需要都会不同，表现也不同。

按照心理学家、社会学家弗洛姆的看法，爱情根植于人的情欲，而情欲的确随生理需要的变化而变化，爱的体验因情欲的涨落而涨落。爱又超越了单纯的情欲，因为爱是文化建构，人的本能中没有爱这种意味的东西。文化把涉及男女相爱过程的动情解释为爱，并为爱赋予了超越情欲的理性、恒长性、无私性的道德意义。认识到这一点，就不会因为感觉不到爱而苦恼，因为爱还会再来。你只需默默地坚持，有一点点心理技术，爱的欲望还会再生。

不管是什么人，给爱情下定义都只能是一种自我独白。你对各种“独白”的反应——认同也好，反对也罢，只有你感觉到的才是属于你自己的。曾经有一段时间，不少电视台在“谈情感”。看着有些人煞有介事地对别人的爱情说东道西，就觉得很累。要知道，情感的东西只能意会，不能言传，说出来就已经面目全非，更何况是说别人的故事。

所以，就人类整体特性看，不存在“始终充满激情的爱情”；就人类的个别特性来看，这样的爱情又是存在的。

超现实主义如何找到真爱

我是在京工作的上海人，只想交往一个愿意去上海生活的男友，可是至今不能如愿。

每个人对情爱都有一种内在逻辑，会形成一种心理推理和行为禁忌。看得出，你的内心焦虑源于还不能确定自己是否已经做好了恋爱的准备。家乡观念只是你为爱设置的一种心理防御。我很欣赏一句话："相爱的条件总是在没有爱上的时候才会有。"人在未爱时都会为自己的爱找一些看起来合理的条件，这是一种情爱的现实感或理性主义，但真正的爱往往都是不期而遇的，并且明显地带有对自己的反叛。这种反叛越彻底，爱的味道就越浓，内心的激动也越深刻。所以，心理学认为，爱是对自我的放弃，是人格的自我解构，是类似醉酒般的"精神错乱"。

在东西方的情爱文化中，人们讴歌的那些千古绝唱般的爱情其实都明显带有对时代、等级、贫富、是非，甚至是对人的自然性、人性的反叛色彩，证明了爱往往是需要超越理性和现实的，所以爱肯定是一种超越自我的内心体验。我猜想，担心相爱的人不愿意去上海的你，恰恰更容易爱上一个绝不想去上海的他，个中道理不言而喻。当然，我们并不排斥情爱中的现实主义，通过限制爱的自由性、不可预见性和非理性色彩，让爱欲屈从于一些社会或个人内心的禁忌能够获得安全感。这样的感情也是一种爱情，也会有花儿般的芬芳，但这两种爱存在于人性的不同层面，不能混为一谈。这让我想起一个故事：

有个国王做了一个梦，梦见一只白鹤飞过满月，形成了一种优美的意境。他请一个女画家帮他画出梦中的图画。女画家说："你需要等待！"一年一年地过去了，女画家始终没有画出那张画。国王生气地说："不就是一幅画吗！一只白鹤飞过满月。"女画家回答说："每一个满月，我都翘首守望着，看是否有白鹤飞过，但是看不到这样的情景，我是画不出来的，因为我不仅是一个画家，我还是一个现实主义者。"

那么，在爱情中过分现实的人，什么时候才会等到那只超然飞来的白鹤呢？

给爱情加点儿幻想

我陷入网恋不能自拔，却无怨无悔！别人都说摆着现实的人你不爱，为什么去爱一个幻影，是不是“疯了”？但我在网上确实比现实中激动很多。

人们最容易陷入一种道德误区，以为情爱应该是唯一的。其实，情爱从情绪水平升华以后，就一直栖身于人们的精神世界。在精神世界中，随意的、直觉的、感性的、以自我为中心的、梦幻般的、虚无缥缈的东西才是可以存在的。我们不能用物理学意义上的那种真实去解析精神世界，也不能说网络中那种虚幻的爱情就不是爱。虽然那不是男女肌肤相亲的爱，更像是自恋，但仍旧存在像真爱般的精神愉悦。其实，男女的爱只有摆脱对身体感官的依恋，摆脱运动性刺激与摩擦，上升到双方精神的爱与依恋，才是最高层次的爱。

在网络上谈爱，不是网络的错，而是人们在情爱中需要

幻想 (fantasy)。情爱的真实一直是幻觉的真实，可以说没有幻觉就没有激情！《黑客帝国》中，精神与肉体的二元世界各自在割裂的时空界面中运行，这很像爱情，觉得爱别人的人其实深深地爱着自己。在《荒岛余生》中，我们知道幻想的爱情其实并不需要真实，尽管那个女子正在成为别人的新娘，但幻想仍给了他归属感，给了他无穷的快乐与生存的勇气。

认知心理学认为，人们其实一直生活在错觉中，我们对现实的感觉总是被内心的文化系统修正。在人际社会里，人们同样活在一种“关系幻想”的范畴里。男人会无意识地幻想与某些女性的浪漫关系，而女人也会幻想与初识男性的一见钟情。研究过语言学的人会知道，言辞切切的语言也是在不断的误解与错觉中交流。你以为理解的东西，其实是被你曲解而成的。既然这个世界充满了如此多的不确定性，那么，我们又如何能忍心谴责那些试图把情爱的幻觉呈现在网络中的人呢？剥夺他们幻想的权利就等于剥夺了他们情爱的生命！

情爱的两端

我坚持不在婚前有性行为。而现在的男友对我的这种“固执”很不理解，他认为恋爱是美好的，能进一步就更好。为此，他怀疑我不爱他。他喜欢哲学、生命方面的东西，我希望他能理解我，您是否能给我一些意见呢？

一个人对情爱的态度基本上可以看成是其对生活的态度，一个可以随心所欲去实现爱欲的人，生活中也比较自由，不想约束自己。喜欢哲学、生命方面知识的人，比较重视对生命的实现，而生命是体验的集会。换句话说，这样的人追求拥有，但不在乎永远拥有，永远拥有和没有几乎无区别，因为它也不能激发鲜活的体验。可以这么说，追求生命自由与激情的人最终会没有自由与激情。

如果你爱他，应该像他一样，但有时候生活的古怪正在于，你不像他，对他才是一个刺激、一个鲜活的体验。对某些男人来说，越是得不到的东西越具有刺激性，他甚至愿意用终生与你共享（结婚）来维持你对他引发的兴趣。如果你真喜欢他，需要让他保持适度的欲求不满，因为不满，所以有体验，也因为这些不满的感受是指向你的，只能由你来满足，所以爱情就会永远鲜活。

反过来，你也要思考，你对性有欲望吗？你渴望过吗？是什么观念妨碍你去获得情欲的实现与满足呢？如果你与男友耳鬓厮磨时心如止水，那我会更担心你。假如一个女人被某些传统的、“正确的”观念所完整建构了，那么她的生命就成了一个按部就班的过程，这样的女子缺少情爱的创造力。所以，你需要给对方一个站得住脚的、暂不接受婚前性行为的说法，还要暗示性地给男友一个大致可努力的期限。假设情爱也是一种游戏，那么玩得越久是否会体验越深呢？其实也未必。如果你知道那男人有什么样的情爱模型是与他以往经验不同的，那么对他就是一种刺激。你改变了他，你就可能得到他，他改变了你，你也会像他过去的女友那样成为过眼云烟。不过，存在主义的观点是，如果这个男人足够让你珍惜与喜欢，你一刻得到了他，在生命的延续性上，你也永远地得到了他，因为你生命的某时某刻是与他分享的，这一时刻是你生命中重要的部分。

柏拉图式的爱情需要时空的距离

导师说，他在精神上爱上了我，他不在乎我的胖瘦美丑，也不会与我发生任何肉体上的接触。他说这是很崇高的“柏拉图式的爱情”，古今中外有许多名人都被这种爱情浇灌过。我该如何应对呢？

既然是柏拉图式的爱情，又何必要去在意它呢？真正的柏拉图式的爱情并不在乎被爱的人怎么想，也就无所谓接受还是拒绝。在19世纪的欧洲，曾流行着这样的爱的宣言：“我爱你，与你无关！”有些哲学家把这种爱情柏拉图解释为：“美人，对我来说你是一种客观存在，我爱的是这个存在，与你的感觉和想法无关。”

真正的柏拉图式的爱情是一种内心的情怀，这种情怀往往是因为爱一个美丽的女子或英俊的男子而激发出对生命、对人类的喜爱，也因此觉得自己生而为人有多荣幸，能够与如此美丽的人或事物共存于世有多幸运。这样的爱是彻底的无私之爱。精神分析把这样的爱看成是一个人的爱情，是自恋的产物。当然，我更喜欢把这样的爱解读为一种没有情欲色彩的、唯美的、纯精神快感的、对人的爱慕与美学体验。

你的导师对你的情感可能非常的“不柏拉图”。因为这样的爱情一经出口就从纯粹的精神世界滑落到了现实的泥地上，脱去了柏拉图的外衣，露出了狰狞的面目。你们的关系是不平等的，你在许多方面受制于他，所以你们的情感也会不平等。他可能有家庭做后盾，当挑起你的情欲时，他有出口，你却孤立无援，久而久之你会对他产生依赖。

再者，你们之间缺乏精神恋爱得以存在的时空距离。整日相处，只要他还是人，他对你的爱很快就会从精神层面转到身体层面。当然，你如果接受他的身体恋爱，就意味着你可能会失去你人格的尊严；拒绝他，又可能难以再与他和睦相处，这是两难的选择。聪明的回答是：“你爱我，我很感激，但我也有我心中的柏拉图！”

嫉妒是爱情中最辛辣的调味剂

丈夫特别爱吃醋，却又不愿意承认！

其实，一个男人吃你的醋，说明他非常在意你。越珍贵的东西越害怕失去，人的情绪反应越容易过度。在我看来，吃醋是爱情的一种情绪特征，醋意越深，爱意越深。谈过恋爱的人都知道嫉妒是爱情发生、发展的必然过程。初恋的时候，彼此醋劲儿十足，高度的彼此关注引发高度的排他性和敏感，一点儿风吹草动也会激起狂风暴雨。尤其是优势稍弱的那一方，通过妒火来控制、扰动对方也是恋爱的不二法门。

爱的交往深一些，双方的线就可以放得长一些，醋意似乎也变得隐匿一些。这时爱情奉行一种双重规则，明里彼此尊重、信赖、宽容；暗地里却也较着劲，像是在玩一种猜谜游戏，双方都留着心眼儿。到了生米煮成熟饭的时候，彼此都坚信对方离不开自己了，吃醋的感觉才真正被情爱中获得的确定感、安全感潜抑了。当然，在一些婚姻中，哪怕是老夫老妻也有醋海翻腾的时候，其妒火中烧的心理根源可能来源于一方的占有心理、过度关注、自卑心、猜疑心、缺乏安全感等，也可能来源于夫妻希望保持对情爱的感受性、活力和创造力。好的、甜蜜的爱情一定是酸甜苦辣咸五味俱全的，需要有一些忧伤、误解、猜疑、冲突与离别、重逢的戏剧性，嫉妒当然是其中最为“辛辣”的调味品。

你的问题在于你可以意识到丈夫在吃醋，却不该期待让一个男人承认他在吃醋。承认一种自己想掩盖、否认的情感会让男性感觉不舒服、没面子、缺乏男子气，甚至有羞愧感。在情爱关系中，男人什么都愿意失去，但最不愿意失去的就是他的自尊，或者通俗的叫作“男人的面子”的东西。

在情感的交流中，很多男人的嘴很笨，他们可能因为自尊心的缘故不愿意说什么，但又忍不住要把一切“冤屈”写在脸上。所以，男人吃醋时最不愿意“实话实说”，死要面子活受罪，只让一番酸味在心头。你的心理对策是让他明白你在意他的感觉，同时又装作没有什么事发生。你们之间的酸味就会渐渐淡去，甜味会悠然而来。

爱被夺走，如何破茧而出

我和男友相处 4 年，已谈婚论嫁。但是后来，他和我最好的女友有了恋情，见到我就故意避开，女友自此也不再与我交往。我无法相信曾经最信任的两个人竟然会如此对我！我痛苦极了！我该如何来面对？

想让你不痛苦是不现实的。在相对较长的一段时间里，让痛苦和憔悴来表达你内心的真情，表达你对生活的失意也许是最有效的自我调整。人的情感成长有时需要一些挫折，痛苦有时是一种促使情感成熟的资源，怎样利用这种资源靠的是你的心智。爱情的痛苦是自我体验的痛苦，容不得别人插嘴。更何况我也是凡夫俗子，参不破人世间的七情六欲，自己不能脱俗也不能劝你脱俗。爱和恨从来都是人类情感的两面，像轴线上两个相对的极点。是恨把爱变得深刻，是爱把恨变得动人。我担心的倒是你会不会过分地压抑自己的愤怒，让你的烦恼和痛苦变得慢性化。

你的故事，让我感觉到你内心对爱情的信任和纯真，对友情的不设防，同时也让我感受到一种人情冷暖的悲凉，感受到情爱的莫测，我被你扰动了。有时我想，爱情的美丽正在于它的易变性，在于人们必须时时刻刻为爱情更换新的含义和新的内容，并产生新的行为。我也曾失恋过，有过独坐幽室、痛心疾首的时刻。当情感的风暴趋于平静时，更广博、更成熟的爱便在心中油然而生——爱有时也是一种放弃。

人对外界的感觉和认识是以自我为中心的，但又不能停留在自我中心，这像是一种“悖论”。假如我跳出你给我呈现的“现实”，从人性的立场上来看你和他以及她构成的三角情感关系，就会感觉情爱的转移也许是再自然不过的事。你的男友只是做了爱情的选择，而你却为你爱的两个人缔造了一段好姻缘（尽管不是有意的）。你的痛苦可能源于你的内心已经把他和她标为你的，因而使你感觉到被欺骗，其实失去那种不真实的爱未尝不是一种解脱。但你或许还没有失去你们相处的友情，友情的稳定性和长久性常常大于爱情。

你问我该如何面对，我说不出，也许应该顺其自然，也许应该抽身事外。有两个方法你不妨试试：

（1）成熟的爱情虽然总是充满尊重和宽容的，但并不意味着逃避现实。你需要去面对你的男友和女友，把你内心的痛苦和善意坦诚地告诉他们，通过交流达成一种对现有关系的谅解。只有想透了、说透了，你才容易从苦恼中走出来。

（2）也许你还需要一段时间来做好自我调整，不妨把你的爱做成一个茧，修身学禅。待来日破茧而出，让你的情爱变成美丽的彩蝶，再到阳光下追寻真爱。

让爱情自由呼吸

我总是不停地陷入一场又一场的恋爱当中。每见到一个优秀的男孩，只要他有一点儿能够打动我，我就会动心。朋友都说我很“花心”，我真的是泛爱主义者吗?

认为你花心的人是基于某种情爱哲学，认为人只能爱一次或真爱只有一次。其实，爱情总是丰富多彩的，且难以被描述与标定。大自然中那缤纷多彩的花，单瓣的、三瓣的、五瓣的、十几瓣的，五颜六色、形态各异，但我们都称它们为“花”。爱情就像自然界中的花，也是姿彩纷呈、变化万千的。没有什么样的爱一定比别的爱情更好、更纯粹、更道德。相反，我认为你一定是一个很有爱心的女子，你有很强的爱的动力，而且这种动力还能时时更新。很多爱情都需要自我更新能力来创造爱的美好体验。有时候，你更新了，对方却喜欢固守，于是分开也是必然的。

有一位哲人说过:“人的内心都有一个专门产生爱意的灵魂之杯。当爱盛满的时候，就会溢出来传递给他人，让别人的内心也分享这生命中的爱意。”你就是灵魂之杯中爱很充沛而且丰富多彩的女子，要理解和认同你，生命需要进化到更高的层次。我们的社会的确需要有一些人来推翻文化为两性之间构筑的冷冰冰的篱墙，虽然这样的人历来都是备遭非议的，但他们对非人性化的情爱道德系统的扰动正像蝴蝶的翅膀，会以微小的效应慢慢引发社会朝向更人性化发展。

属于个人的爱情只能分享，不能评述，也不能模仿。我们应该把爱情看成是纯粹的个人的事，某些社会价值系统与爱情道学家都要学会闭嘴，并谦虚地向每个恋爱中的人学习。你需要觉察每一次的动心是对方投情引发的，还是你自己投情引发的。如果只是你个人的情爱游戏，也没有什么不好。需要的只是一个边界，不要太伤着自己，也不要太伤着对方。这是对自己的善意，也是对别人的善意。平心静气地接纳自己，走自己的路，不管别人如何评述，这是爱的大无畏。

在爱中重建自我

我与男友相恋 8 年，正当我们准备结婚时，他突然宣布，新娘不是我。我已经无法再相信男人和爱情。两年过去了，我的内心仍旧充满了创伤的苦痛，无力再去恋爱。

这是一个让我难以保持咨询中立性的问题。我很惊讶你竟会那么轻易就放他一马！ 8 年并非一瞬。如此现实的、铁石心肠的男人是会被诅咒“终身不再会有爱情降临”的。现在我要回到中立的立场谈谈这个世界上的爱情。

爱情是人类精神领域的一种“悖论”，渴望爱情的人，一生总和真爱失之交臂；逃避爱情的人，又时刻为情所困、为情所扰。爱情需要承诺，但爱情不等于承诺；爱情需要婚姻来维持和呵护，但爱情也不等同于婚姻。爱情不仅仅是一种现实，也是一种超现实，它的迷人之处在于易变。

情感的创伤并不是一个人要对爱说“不”的原因，而是一种为了让不合理变得合理的自我解释。如果一个女人只想沉溺于对爱的空想，不愿意真正地对他人投情，心理学的解释是她缺少爱的动力。爱的能力被经典精神分析看作“原欲”(Libido),或叫“性趋力”。它构成人们行为中的非理性冲突、潜意识动机和生物本能驱力的内容，具有攻击性、占有欲和破坏性倾向。而新精神分析认为爱的能量是“生命本能”(Life instincts) 的重要组成部分，它的特征是朝外的、开放的、积极的和建设性的，是生命成长动机的来源。而后现代的精神分析接受“爱同时具有破坏性和建设性”的双重意义。用简单的话来说就是，爱意味着你要改变和重建自己，在给予的同时去获取，两者的不平衡会削减爱的动力，从而阻断自我的发展。

心理医生大多认为情爱的困惑就是成长的困惑，也是生命的困惑。什么样的女子容易被爱伤害——恰恰是爱的欲望弱的人。她看起来总是不敢主动地去获取与体验爱的快乐，实际上她把对爱的欲求通过内心的合理化机制转移为一种关系依赖，因而失去的会比得到的多。

读这封来信，我感觉你是有爱的能力的，只是你想压抑它。解决的办法是努力减少对情爱的感伤和对压力的积攒，以此来增强你对新的爱情的渴望。另一方面，爱常常也有个不应期。在一段情感过后，人需要有一段相对长的时间来恢复，你需要做的只是等待，让眼下的苦痛自然地来，再让它自然地走。

恋人拒绝亲密为哪般

我与男友交往1年半，但从未达到过热恋状态。他认为接吻或男女之事很脏，生活中的他有些轻微的洁癖。他希望自己比我强，但当我依赖他时，他又希望我更成熟。怕伤他的自尊，我不敢提出和他一同去进行心理咨询。

亲密而不亲昵；渴望自己强，却又不喜欢对方弱；认为性很脏与身体洁癖……这些叙述显然在暗示我，你描述的恋人间的关系更像是男人与母亲间的关系。很想问问你男友是否单独与母亲长大？他与母亲睡到几岁？与父亲的关系是否亲密？他父母之间是否过于矜持？

如果你能告诉我，他对异性是否有过冲动，在什么情景下对哪类女子会有冲动，我会好分析一点儿。强调与男友无法亲密，可能你无意识回避了更重要的信息。我想知道你依偎他或抚摸他的时候能感觉到他身体的反应吗？如果有，他会怎样地中止或释放；如果没有，他怎么解释？你的描述回避了你是不是他理想的人，也回避了你们是否有过性的接触。有与没有差异可能很大。我不能因为他对你“性趣”少，就推而论之他对所有女人都“性趣”少。如果一个男人认为接吻很脏，不与你接吻，让我好奇的不是他，而是你为什么没有赶紧跑开？不喜欢接吻的男人不接吻，他的行为与内心是一致的，而渴望接吻却又忍耐着不接吻的人是混乱的。

不管他是因为与母亲的过度依恋而没有完成心理分离，还是因为母亲的某些情绪、行为、心态而引发脏的感觉，泛化到不喜欢性，这都是他自己的事，他有权利选择一种生活。你可以选择他，也可以放弃他。你描述的他有一种矛盾性，但真正矛盾着的是你，明知不能，却坚持了 1 年半，并且还想找到继续与他生活的充分理由：治好他。其实你的男友在这段关系中已经得到满足，而你一直在饥渴中。也许是你有一种代母欲望，一种渴望救赎他人的情结。在某种程度上，他也在配合你，满足你的心理需求。

解决的办法是坦诚，把苦恼告知对方，如果男友想改变，那就教他学习亲密与爱。如果男友不认为自己有问题，那么你唯一能做的就是善待自己。毕竟你需要的是有情欲、可以兴奋起来的男人。

你如何对待过去就如何对待爱情

要结婚时才知道，男友之前和他的前任女友同居过 3 年，这真是对我所追求的真挚爱情的否定，从此我都生活在男友过去关系的阴影中！

你的问题看起来简单，却是心理学关注的一个很复杂的哲学话题。首先我想说你男友与人同居给你的内心带来了阴影，这个阴影的构成是你内心早已存在的，与你的男友无关，却是你男友的行为激发了它，把它从潜意识状态转换为意识状态。心理学大师荣格认为：“我们人性中被否定的部分，构成我们内心的阴影。阴影中包含我们拒绝、否定、排斥的东西，也包含了人类意识中原始与不成熟的部分。而阴影一旦形成，就会无意识地投射在其他人或其他人群身上，以此来维持自我的道德感和优越感。”

一个人否认和排斥的东西越多，内心的阴影也越大，所以你对外部事物的接纳态度正好反映着你内心对自我的态度。在心理医生看来，你感觉到的问题，恰巧是你自己的问题。对此我无从帮助你，因为我并不知道这些阴影的内部意义。其实，在诠释过去、现在和将来意义的时候，人也在诠释自己。

人们对这种诠释大致有三种态度：

第一种态度是把过去、现在、将来看成是一种整体延续，一失足则成千古恨。这样的人有一种高度的存在性焦虑，他们行为强迫、谨慎细密、思想守旧、循规蹈矩，但仍不能逃脱自我挫败，因为拒绝过去而否定现在是难从错误中获利的。

第二种态度认为，过去只是被现在弱化并潜抑了的心理部分，现在的经历也会成为未来部分的感觉核心。接受每一时刻的“我”都与瞬间过去了的“我”有了更新与质的不同。这样的人易于平静地看到并努力接纳过去的荒唐、幼稚的错误与无知的罪恶，会把过去的问题看成是成长中的问题，愿意用现在部分的心智来对过去负责，然后获取与分析有用的资源。

第三种态度是认为过去的已经不再存在，将来还只是一种不确定的存在，重要的只是现在，只是每一时刻的过程。这样的人质疑时空的连续性，不承认物质世界的线性因果关系，把过去、现在和将来看成是一种隔离却并存的现实，看重存在的本身，不看重存在被赋予的意义，永远生活在一种自我给定的心灵现实之中。

现代人能做到第二种态度就很不错，而第三种态度则需要很大的自我超越，你能到达哪一种心灵境界呢？

爱不是一种平等回报的交易

他总是不送我礼物，也很少对我做出浪漫的举动。相爱两年多，总是我送礼物给他，我约他，他总是被动，但他却说他很爱我。我觉得他爱我没有我爱他多，我想知道这是为什么？

在如今这个物欲横流的社会，我们看到更多的是情感与金钱的等价交换。理想的爱情超凡脱俗，不染一丝尘埃；而现实的爱情却又物化、流俗，夹杂着人们的七情六欲。我个人以为，在这个世界上除了金钱以外，不存在另一种公认的价值尺度。所以，感情和金钱看起来是两回事，实际上它们之间却存在着内在的联系。

就中国人内心深存的文化原型来说，男女相爱，互赠礼物有明确的意义。初期的礼物意味着一种试探，接受它等同于接受了情感。正如《诗经》中所言："投我以木瓜，报之以琼琚，匪报也，永以为好也！"互换礼物象征着交心，对礼物的珍视代表对情感的珍视。同时，礼物还意味着一种权利标签、一种情感疆界，甚至是一种心理禁忌——物灭即情死。

所以，相爱两年却没有得到一种有形的“爱的凭据”，你的不舒服我能理解。在心理学看来，男友不给你礼物可能隐含了一种交流学的意义，但是我们无法来解读个中信息。因为和我交流的是你，我只能读到你内心的语言。你把这种意义解读成“他爱你没有你爱他多”，请留意你为什么有这种感觉，也请留意你的不快乐正源于这样的解释。

印度哲学家奥修曾说，爱是一种无任何条件的给予。这像是你种下了一丛玫瑰，然后每天去浇灌它、爱护它，给它阳光和养料，不畏惧它的刺，不嫌弃它的单调，然后有一天，玫瑰花出其不意地开了，你赢得了花的芬芳。我想说，爱不是一种平等回报的交易，只要你还爱着男友，你主动地相约就有爱的价值，这些行为会让你感觉到和享受着你自己内心的爱意。

同时我希望你问自己几个问题。“我相不相信这段爱情？”“我是否需要男友不停地送我‘礼物’来证明他对我的爱？”“就算男友给我礼物，我真正能够获得的是什么？”在回答这些问题时，你可能会听到你内心的声音。其实，爱需要允许两人之间的不一致，允许个性特征的差异。

爱一个人，首先要学会欣赏这个人，欣赏他的优点，也欣赏他的缺点。只接受他的优点还算不上是真正的爱，只能算是一种局部的爱，这样的爱少了些浪漫。相爱的初期你愿意多付出，现在你却希望对方付出得更多，这是不是标志着你的爱情已经从浪漫走向现实，从简单走向成熟了呢？如果是这样，那我要祝贺你。

在爱中保持自我

我和男友已谈婚论嫁，他却跟网上的一个女孩很黏糊，几乎天天都要聊一会儿，这让我很伤心。但他真的对我很好，我又舍不得离开他，我该怎么办？

我个人感觉最好的办法是“不作为”。你的男友可能有一些不太确定的对情感关系的焦虑。对于那些需要对生活做缜密思考的男女来说，结婚或确定结婚是一种很强的“心理应急”。美国电影《落跑新娘》正演绎了这样一种情境。相对来说，你的男友在精神或情感层面更像是落跑新娘。如果我们假定你男友和网上女孩的交往是在回避与你的过度接触，希望以此来找到或重建自我的领地。那么，我们有必要想一想你对他的爱和关注是否妨碍了他心灵的正常呼吸。我想你的心大可离他的心远一点儿，留出一些空间来，给予他一些积极的认同，与他分享网络中的快乐。

当然，爱上了谁，一定避免不了要与他人竞争，这是每个人内心潜藏着的敌意和攻击性决定的。如果你有一个假想的（虚拟的）情敌，你的内心可以保持对爱的欲求和敏感，但如果你把她视为真实的威胁，就败坏了自己的好心情。

心理学在研究相爱关系中发现，更需要亲密的一方表现得更具有进攻性，其实内心既被动又可怜，优势的位置全都被那个喜欢独立的人占据着。你的男友制造出一个网友，让他轻松地获得了关系的控制权。

很多人都接受爱是自私和排他的这一观点，但这是爱的外延定义；爱的内涵却是一个开放系统，爱意味着无条件地接纳，意味着自我边界和防御的解体——愿意与相爱的人融为一体。心理学认为，热恋是一种人格的疯狂解构，此时所有的防御、疆界、禁忌都会随风而去。但热恋过后，男女之间就要开始人格的重新建构，个人的边界和禁忌又开始显现。知道爱的发展过程，你就明白男友的网恋极具心理学味道，其意义就是你们的热恋要回归适宜的位置，使感情平稳而持久。你要做的是找回自我，减少对他的情感压力，并学会在生活中重新自己摆平自己。

放弃控制才能自由享受爱情

我感觉和喜欢的男子在一起常会有一种失控感，我不敢毫无保留地付出我的爱、义无反顾地去爱一个人，对爱情和婚姻真的没有信心，是我不成熟吗？

因为对自己没有信心而逃避现实的女人，其实是内心存有太多的对自己和对环境的控制欲。她们强烈地害怕成为弱者或处在弱势情境。心理学认为她们难以忍受不确定感，难以忍受不可知和模糊性，什么事都得仔仔细细地把握着才能安心。

爱情在潜意识中的语言代码是“放弃控制”。因为对情欲的需要从小到大都被紧紧地压抑着，不解除内心的禁锢，情爱便不能自由表达。你的失控感正好说明你内心压抑的欲望太强烈，仿佛是坐在火山口上，不知道一旦爆发会是什么样子。

一般地说，不成熟的情感倾向有三种基本表现：

第一种是空虚感。过度地需要情感认同，需要被人喜欢、被人需要、被人渴望、被人欣赏，甚至为了得到这些有时可以不管自己内心真实的感受。有这种情感倾向的女人会在内心扮演一个孤立无助的人，感觉在情爱上充满着危险、欺骗和变数，担心一只飞来的蜜蜂会蜇她、一只跑过来的小猫会抓她。她需要对方时时刻刻给她一些表白和证明来解除心中疑惑，在爱情游戏中少不了眼泪、误解、哀怨和欲求不满。

第二种是理想化。努力看轻自己，认为对方比自己强，比自己更聪明、更有吸引力，以此来满足理想化的需求。也许她已经足够漂亮了，但还会常常想如果自己再完美一些就好了。她的内心如“玻璃棺材”中躺着的白雪公主，需要一个英俊的王子能勇敢地给她一个吻。在这个吻到来之前，她是孤立无援的。在爱情游戏中她极善于夸大对方的优点，不承认也不敢面对对方是一个极普通的人，总是诚恳地接受保护、拯救与指导，从不怀恨与抱怨。在具有傲慢倾向的恋人面前，自我价值高度萎缩，让旁观者义愤填膺。

第三种是依赖倾向。这是一种自我饥渴感，必须通过爱与被爱中的价值感来战胜内心无处不在的无价值感。无意识地用别人的看法来评价自己，自尊心随着对方的赞同或为难而起起落落。爱情是一种道具，只是用来证明自己值得被爱，任何拒绝都意味着灾难。

在爱情游戏中，你就像那只面对小王子的美丽的火狐狸，外表很有个性，甚至倔强，内心却期待着被驯养。“你驯服了我，就要对我负责！”其实，爱不是驯服，爱更像是一场无声的战争，当然也是甜蜜的战争。两个人的个性、边界、权利、文化与生活模式、情绪能量、智慧、心机、谋略，都在激情的激发下碰撞、融入、分享、隔离、再造、完成，最后诞生两个相互依存也相互独立的成熟的人。

而你还在情爱的门槛外面，谈不上成熟不成熟，只是缺乏情爱的真实体验和经验而已。

你有亲密焦虑症吗

我和男友相爱10年，不见面时想的全是他的优点，可一见面，就特别讨厌他，总要吵架。他不找我我想他；他找我我又烦。这是为什么？

这样一种矛盾的情境可能源于你的内心还不能确定你想和那位男士发展什么样的关系，或者你的内心存在着一种亲密焦虑，这种焦虑总是在别人对你关注的时候被激发，引起你的逃避欲望。你的问题可能源于前者。你希望他来接近你，表明你希望与他保持一种关系；但又不希望他过多地来找你，表明你与他还有一定的情感距离。

当然，在情爱的角逐中有一种心理技术叫“欲擒故纵”，即通过故意忽视你倾心的人来把握交往中的主动权。这一技术在自然界的生物群体中普遍存在，几乎是一种无意识行为。你觉得自己奇怪也许正是被自己的“表演”迷惑了，你对自己的本能有了初步的认识和观察。遗憾的是，情爱上的成熟是不能被教导的，这样看似曲折、幼稚的路还得自己一步一步地走。建议你要学会等待自己成长，留意倾听你内心的声音，等待着那瓜熟蒂落、柳暗花明的一天。

人们常说距离产生美，是因为我们绝大多数时间都生活在自我的“内心现实”中，距离给予人自由想象的空间。你和男友相爱 10 年，你们之间还没有一种类似婚姻的契约来约束对方，维系你们感情的东西全在于一种内心的对相爱的感觉。这样的感觉需要不断地更新才具有吸引力。读你的信，觉得你是一个爱的欲望很强烈的女子。由于你们彼此分离，平日的你只能把爱的欲念点点滴滴地积攒下来，有时还不得不靠对他的幻想来聊以自慰。相见以后，那种平实的爱和抚慰也难平复你久积的激情，找碴儿吵架就成了一种情感猛烈发泄的方法。

这样的情况在婚姻中也很常见。夫妻在争吵后的痛苦中相拥相爱获得的内在体验要更加深刻。所以，你不妨把这种“循环”看作是一种情感游戏，只要男朋友不烦，你就可以继续玩下去。当然，如果你的男友不烦，而你觉得这是一个问题，那可能是你需要在你们的关系中找一点儿问题，你要制造一种“事实”。如果你们双方都感觉是一个困扰，那么，你们的交往已经到了需要做一些修正和调整的时期。相处 10 年，理论上早就过了关系维持的关键期，但你们真正在一起的时间并不太长，不妨叫它是“关键期延迟”。需要做的是，双方增进一些交流和沟通，在心平气和的时候，对两个人未来的关系做重新的选择和决定。

第六章

婚姻是“自我”走向完形的过程

婚姻是一个“自我”走向完形的过程，当生命可以全然地和一个人分享，正是生命回归到原初时——母亲的怀抱——那种透心的愉悦。

理想的婚姻就是彼此互为母亲的怀抱，在婚姻中的人是可以以理性、成熟、道德化退行到婴儿的随心所欲、自我中心的。

维持婚姻的到底是什么

你曾在书中说，真正意义上的婚姻史才 200 多年，可是史书中记载的婚姻史有 4000 多年。有人说维持婚姻的不是爱情，那会是什么呢？

我个人认为，婚姻是人生存在的一种形式，爱情只是婚姻的一部分。把婚姻看成是爱情的一种包容形式，其实是骨子里不那么想对婚姻负责。因为爱必须在自由的情况下才能产生，而且爱是一种心理体验，本身就不太能确定和维持，婚姻却是客观现实。如果没有爱情的婚姻是不道德的，那么婚姻中的人都必须爱对方。因此每个人也可以随意把“不爱”当成婚姻解体的正当理由。婚姻这种形式的确在中国的夏、商时代就开始了，但当时的婚姻并没有男女平等的权利，只能算是男人的婚姻。真正男女平等的婚姻对中国来说还不到 100 年，一夫一妻的婚姻虽然在基督教盛行的时代就开始了，但平等权利的一夫一妻的婚姻也最多只有 200 年。

从人性立场上看，婚姻应该具有三个基本功能：互利、分享、并存。互利是双方都能从婚姻中得到所需，能更自由、更快乐地实现自我生命的意义并完成对价值的追求，而不是削弱或限制人的追求。分享包含互助，也包含一种归属感，永远只说“我的就是你的”，把自己好的、快乐的、令人幸福的东西奉献给对方，但不要求对方给自己。并存是一种高度尊重，愿意保持一种边界，尊重双方的差异，其中包含信仰、生活方式、价值观等方面的差异。我个人觉得实现这三个功能比爱情对婚姻的维系力还要大。

如果我们用开放的心态来解读婚姻，会认为婚姻并不只是两个人的形式。两个企业或几家企业因互利、分享、并存结成联盟也叫联姻。同样，一个人独自生活得好，也可以是一个人的婚姻。如果一个人生活得不好，那就需要另一个人来互利，一个人的婚姻就成为两个人的婚姻。两个人的婚姻就需要并存和分享，理解了这一点，婚姻将不再是难题。

对于新婚妻子，我倒是有一些建议。

（1）你不能对丈夫太好。如果你对他太好，他就会像泡在糖罐里，个性一点点地变坏。

（2）要能对丈夫说“不”。现在总是说“是”，以后遇到麻烦，想改口都难。

（3）不要主动放弃你的生活习惯，待他请求你放弃时再做改变。让丈夫意识到你的牺牲有多大。

（4）不要让丈夫在性或爱上“吃得过饱”。做这样的事要悠着点儿，留点儿余味和想象，不然再好的东西也会变得腻味。

（5）不要包揽所有的家务。有意无意地培养丈夫爱家的习惯，他若做惯了家务，想不回家都难。

（6）当你想要求丈夫做什么的时候，把他看作男子汉；当你要一个人静一静的时候，把他当作缠人的小男孩。

（7）不要压抑你的情绪。有时候醋海兴波、死缠烂打更能让木讷的男人感觉到你内心的爱。

（8）不要说话太多。想听男人说话，最好的办法就是装聋作哑，男人比女人更耐不住寂寞。

（9）时不时犯点儿小错误，让男人有机会表现出他的宽大来。好的品质总是会用进废退的。

（10）隔三岔五制造一点儿分离，增加丈夫对你的相思。再在电话里给他几声叹息，让丈夫的心为你憔悴。

（11）时不时地故意忽视丈夫的生活要求，装出无能的样子，让他学会自己替自己操心。

（12）不要为了你的丈夫而忽视你的朋友。你的朋友越多，对丈夫的心理压力越大，他越不敢随便怠慢你。

怎样面对老公的窥探欲

再婚不久，现任老公对我过去的性生活很感兴趣，不停地询问我和前夫相处的细节，他是不是有问题？

男人的内心都有一种很自大又很自卑的男性情结，他需要女人来证明他有男子气，而女性并不需要别人来告诉她，她是一个女人。我认为你的现任老公渴望得到你的认同和欣赏，甚至是你的崇拜。自大的心理促使他妄图完全占有你的过去，尽管这是完全不可能的，但他仍旧嫉妒曾经与你接近过的人，哪怕是你的父母。而自卑心理又让他害怕自己战胜不了你内心还有少许残留的前夫，整日心思恍惚、食不甘味。想想他那么小心翼翼，伪装着充满兴趣的样子来探索你的过去，你都应该给他一个同情。

我相信，你老公对你的窥探欲望只会发生在一个相对短暂的时期，深层地说是他对你还有一种不确定感。你大可以把这种探究看作是夫妻间的调情或游戏，游戏总有玩腻的时候，所以现在犯不着跟他太计较、太认真。一旦你的老公对你有了信心，认定你离了他就不行，他也就懒得再和那个可怜的前夫较劲了。

当然，的确有一些男人内心很缺乏安全感。他们探究你的目的是为了挫败你，逼迫你承认和接受他的权威。或许他们的内心有些欲盖弥彰的“下意识”,想变相地满足他们自己。

从你的来信中，我感觉你的烦恼正是源于担心老公不怀好意。其实，我的感觉有很大不同。我觉得你是一个自我意识比较强的女子，愿意与人保持明确的自我边界；而你的老公却有点“分化不良”，他需要把与他亲密的人纳入他的自我范畴，自然而然地想侵入你、内化你，对你的过去自然要刨根问底。

所以，你们的问题是个性的问题、亲密距离的问题，而不是道德的问题。怎样来面对老公的“低级”趣味，既要给他面子，也能保留自己的自尊？心理学的建议是：

（1）对过去保持一种坦然。这样可以减少老公的兴趣，躲躲闪闪反倒增加他的疑虑；

（2）对过去的探究要有一种明确的规则。不贬低他人，也不贬低自己。这样的交谈使老公无法获益，他就会逐渐放弃；

（3）把你不快的心情直接表达出来。不要掩藏，但也不要怪罪于你的老公，而要说回忆这些事让你感觉不舒服。

如果这些都不管用，你还可以采取“厌恶疗法”。每天你定时定点主动地要他听你讲过去的故事，直到他一听到你开口讲以前的事就望风而逃。

懒老公是否要改造

结婚以后才发现，老公懒散、不讲究细节。每次我出差回来，家里总是一片狼藉，说了无数次也不见有好转的迹象，我该继续改造他还是学着适应他？

一个人表现出懒散来必须有两方面的原因：一是主观性，你老公的个性色彩、从小养成的习惯、对懒散的生活态度；二是客观性，你和老公之间的行为应对方式、你的个性和习惯，以及你对懒散的认识和观察方法。婚姻中可以说真是无巧不成书，夫妻彼此的毛病都能找到对方的根源。正如哲学家黑格尔所说的“存在即合理”。你需要找到你老公懒散的合理性，只要改变这些合理性，即便你和他并没有真正意义上的改变，但你的眼中已看不到老公的懒散和不拘小节了。

对你而言，这样的合理性可能有以下几种心理学含义。第一，在婚姻中保持一种心理优势。如果能找到对方一些难以改变的问题，就能让对方感觉到你的重要性，由此创造出一种情绪传递和双向交流的快捷通道。当你需要发泄点儿什么或表达好心情时，抱怨和娇嗔都有很好的理由。在不少婚姻中，对沉默寡言的丈夫的数落是女性保持家庭亲密感唯一的方式。第二，懒散、不拘小节和勤快、仔细都是在长期的互动、对应和参照下才显现出来的。夫妻间有一种内在的互补关系和平衡，几乎可以说，你老公之所以这样是因为有了你，如果当初他选择另一个女子，他在婚姻中的表现可能就会是另一个样子。

心理医生在处理这类家庭情绪冲突时，常常会走两个极端：一是通过正性强化去改造丈夫，聪明的丈夫会很快识破诡计；二是鼓励妻子适应，把丈夫的问题看成是全人类男人的问题，减轻妻子的焦虑，但这往往使你丈夫懒散得心安理得。我给你的建议是不作为，不要认同他，也不要批评他。可以在家庭中规划各自的自由空间（新的互动关系），让老公知道进入你的空间就必须符合你的期望和规则，以此来保持对老公的心理扰动，时间一长，功到自然成。

我想不出“一片狼藉”的家是一个什么样的家，对你丈夫来说，也许正是一种温馨的惬意。所以我想说，只是生气和动怒是没有用的，你需要知道，你越是怕脏，你的那个他就越会无意识地在地面上给你制造麻烦。唯一的办法就是减低对脏的敏感性，如果你比丈夫更能接受凌乱，那么着急上火的人就成了他。要注意的是，你的内心已经有了对婚姻的许多压抑，找一个看起来合理的理由来把不满发泄出来应该是一个不错的主意，但要见好就收，不然得不偿失。

其实，我倒认为家是为人服务的，人不是家具、地板的奴隶。我有点同情你的先生，在我看来，那种生活的模式是你喜欢的，丈夫只是在不停地迁就你。你灰心也好，绝望也好，现在那个男人已经满不在乎，甚至懒得与你吵架。很多时候，当我们觉得自己什么都占着理，感觉有权把别的什么人都责怪一番时，要清楚找麻烦的人是你，而不是那个看起来不那么正确的人。

热情保鲜的秘诀

我与老公相识两年，结婚 3 年。随着时间的推移，现如今我对他的热情一如当初谈恋爱时，但我觉得他对我的热情却在慢慢消退。对此，我心里有些不平衡。

婚姻关系是世界上最复杂的两人关系，想要获得一段长久的充满喜悦与激情的婚姻难如登天。客观地说，联结婚姻关系的动力，一是为了生存，二是为了养育，三是为了有个相伴的人。随着社会的进步与经济的发展，生存已不是问题。独生子女政策让养育变得轻松，从孩子出生到 18 岁，养育在婚姻关系中也只在相对短的时间内有些效用。那么，做伴就成了联结婚姻的主要动力。做伴需要有彼此做朋友的能力，中国的婚姻文化不强调夫妻之间如何做朋友，只强调夫妻双方的责任心、忠诚和自律。做朋友有三个原则:（1）有适合度的边界，彼此尊重并欣赏。（2）愿意分享快乐，也愿意分担忧愁，可以同甘也能共苦。（3）不对对方期待过多，立足于自己愉悦自己，这样也不会有很多的抱怨。其实，所有关系的基础都是朋友关系，婆媳也好，兄弟姐妹也好，母子父子也好，做不了朋友也就做不了婆媳、兄妹和父母。

中国人的婚姻关系变得越来越不如过去稳定，离婚率不断攀升，这到底是婚姻的进步还是退步，谁也说不清楚。可能与现在婚恋理论过于强调幸福、爱情、好的性爱体验有关。我们需要澄清几个事实：婚姻有幸福，但婚姻不是幸福；婚姻有爱情，但婚姻不是爱情；婚姻有好的性爱体验，但婚姻不是性体验。中国人的语言内涵是一种二分形式，非此即彼的逻辑，仿佛婚姻中有痛苦、分歧、争吵、纠结、愤怒……那就不是好的婚姻，好的婚姻需要一切都好，这谈何容易。相对来说，某些英文里的逻辑要好一些，比如“自信”这个词，英文的表达是一个人在有信心地做一件事，这是一种情景表达；中国人说一个人自信，表达的不是这个人有自信，而是他是自信的人。自信的人仿佛做什么事都自信，这是一种特性表达。婚姻从来不是幸福、爱情和美满，所有经历过婚姻的人都曾体验过这些美好感受，婚姻有幸福、爱情和美满，但又不仅是这些。

婚姻在很大程度上是一个人的婚姻，同在一段婚姻里，两个人可能有完全不同的感受，在婚姻的评分中，妻子说婚姻是九分，也许丈夫只给婚姻打五分，仿佛他与她生活在不同的婚姻现实里。明白这一点很重要：你在婚姻中的感受必须由你自己负责，不能去怪对方，因为是你在感觉，这些感受发生在你的身体里。同样的道理，婚姻中你嫁给了谁或你娶了谁，其实你并不是真的知道你娶的或嫁的那个人是谁，你能知道的是你感受到的那个人，感受中的那个人好还是不好，是由你的内心决定的，是你认知选择的结果，所以你需要对自己内心的感受负责。婚姻中常见的情形正是这样，结婚前觉得对方各方面都好，结婚后感觉对方变了。其实对方并没有变，你身边的人也看不出他/她有什么改变，但你自己的感受变了很多，谁应该为这些感受负责呢？当然还是你自己。人并不知道自己是谁，也不会真的知道对方是谁，你嫁的或娶的只是对方的一部分，在婚姻中你会慢慢发现对方还有很多的部分你不情愿嫁或者娶，你喜欢的那些部分对方还有，不喜欢的那些对方也有，结果婚姻中就有了不开心。如果一个人不只喜欢自己喜欢的那一部分，也能和对方身上自己不喜欢的那部分和平共处，婚姻经营起来就没有那么难了。

有人说爱情最多能保鲜两三年，爱情开始的时候，人会分泌很多激素，比如催产素、羟色胺等。两三年之后，这些激素分泌会消减，慢慢变得没有冲动，爱侣之间的情爱也会变得平淡。激情是荷尔蒙刺激的结果，这不假，但荷尔蒙的分泌会有周期，会有涨落，尤其在相似的刺激条件下身体会产生耐受性，那么婚姻绝对不能过于追求激情，相反，婚姻的过程正好是慢慢丧失激情的过程，知道这一点，婚姻中的两个人应该就会轻松一些。不过，婚姻中男性比较重视感官体验，女性应该多保持一些美感。在年轻的时候，建议女性多留下一些倩影，拍一点儿写真，让男人内心保留着太太美丽的影像。性爱从某种角度看是人的大脑在恋爱，如果男性的大脑中活跃着太太年轻时的影像，那些青春的激情感受就会从心底涌现出来，性爱多少能有些保鲜。女性在婚姻中也重视感官体验，这个感官不是手与身体的触感，而是心的触感。男性如果多说一些温情的话，多体贴、关照对方并珍爱她的身体，女性的激情还是相对比较容易被唤起的。大脑与大脑主导的认知功能其实一直在欺骗人们的身体感受与心理感受。如果你心里存有婚姻的美好感受，大脑会随时把它从身体里调动出来，仿佛你真的身临其境一般，明白这一点也很重要。你爱的是你头脑中的那个人，不一定是躺在你身边温暖着你的那个人，相信身边那个人正是你头脑中美好的那个人，你的婚姻之旅就会阳光灿烂。当然，前提是你要为你头脑中那个人的美好负责，而不是让对方来左右。

这样做，让小丈夫变成大男人

丈夫自尊心很强，能力很差，他对我说：“我不想娶个女强人，自己却成了小丈夫。”我凡事总依着他，但同事却说：“爱一个男人，不等于要放弃自己。”我很困惑，不知道该怎么办。

有些男子外表看起来像雄心勃勃的狮子，内心却是一只容易受伤的绵羊。做这样的男人的妻子，你得反着来——外表像绵羊，内心却要像狮子一样坚强。婚姻中常常存在一些互补的平衡，夫妻俩总是彼此造就了对方。不想当小丈夫的男子往往内心潜藏着小丈夫情结，只是怕人看出来，所以，男人的面子就成了家庭中的禁忌。真正的强者，并不害怕被别人看成弱者，甚至在许多情境中，由于没有内心冲突也比较愿意服从别人。所以，不要管你丈夫嘴上说什么，你如果是一个强者，就努力奋斗去撑起这个家，给你的男人一个可以依靠的肩膀。当然，如果你真的成功了，一定不要期望得到你丈夫的认可，相反，你要心怀感激，感谢你丈夫给了你成长的动力。

不过，有几种交流方式可以减轻你丈夫内心的不安，还可以慢慢地激发他不服气的内心，让他变成真正的强者。一是抹杀差异。例如，你可以对丈夫说：“我的处境虽然看起来比你好，其实，如果我到你的处境里还不如你呢！”二是示弱。例如，你还可以说：“老公，帮帮我吧！帮我出出主意，我快不行了！”其实你并不需要他帮什么，只是让老公觉得自己很重要。三是装傻。装着什么事都不会做，要做也故意做砸了，让老公觉得你的生活能力很差，真的离不开他，一方面你抚慰了老公的情绪，另一方面你也乐得偷懒清闲。

不好的做法就是，你像负罪般地在家里哄着他，养成他小丈夫、大老爷的脾气，那样吃苦的是你。最不好的是你在外面风光，回家后觉得老公欠你的，逼着他服侍你，让他服软，说他“吃软饭”。这样，再温顺的绵羊也会变成粗野的雄狮，那时你会追悔莫及。

让婚姻远离冷战

听人说夫妻是越吵越好，动手也不怕，真的吗？我们家却是冷战态势，大家都比较隐忍，可我们的关系越来越疏远，已经到了谁也不理谁的地步。

夫妻间并不一定需要吵架，也不一定需要回避吵架。吵架是一种激烈的、信息量很大的、互动强烈的交流，就像是一种婚姻的“歇斯底里”，夫妻间的交流总是在压抑和爆发中进行。不吵架的夫妻不一定是好夫妻，吵架的夫妻也不一定就是糟糕的夫妻。用信息时代流行的比喻就是：婚姻是电脑的硬件，而夫妻的交流是电脑的软件，没有交流的婚姻是没有功能的。由此看来，婚姻的稳定性取决于夫妻间平时的信息交流和互动是否满足婚姻系统的需要。

你认为你的婚姻处在冷战状态——相当于死机，你的先生对此怎么看？心理学认为，夫妻的交流也应该有所选择和节制，交流的信息太多会使电脑的内存溢出，同样会造成死机。需要提醒的是，交流不一定是开口说话，非语言的交流可能是婚姻中更主导的交流形式。当你对先生说话时，对方不回答也是一种交流——代表不同意，不一定要理解为冷战。交流多少、该不该争吵全在于你们婚姻系统的运转需要多大的信息量。要想改变你婚姻中的“冷战态势”，不妨制造一点儿“接触不良”，感染一点儿“病毒”，让系统在自检中更新。当然，学会有效的争吵、不让争吵升级到双方伤筋动骨就要掌握一些心理技术。首先是暂停，有时吵架会在双方互不相让的情况下步步升级，乃至肢体冲撞、两败俱伤。所以，如果一方已经意识到争吵有火药味了，就要说：“好了，我累了，今天就到这儿了。”如果不行，就用延迟办法，说：“我去上个厕所（或打个重要的电话，或上街买份报纸），回来我们再接着吵。”如果还是不行，就部分退让，说：“看来我的说法是有些欠考虑，不过你说的也不全对。”要是还不行，就认输：“好吧，算你正确好不好？不过，要接受你的说法，我还得再想一想，明天再告诉你结果怎样？”像这样一方认输，另一方再想吵也没有对象了。就像打乒乓球，你打过来我不接，打起来就没什么意思了。最不好的方式是闭嘴——沉默。沉默是一种强交流，属于无声的对抗，是很霸道的一种方式，常常把人鼻子气歪。女人最怕的就是这一招！

你会背着老公存私房钱吗

我曾离过婚，过去不太关心钱，离婚后有了经济恐慌。现在的丈夫总是把收入都给我，我的收入也很不错。按理说我应该有安全感，但总忍不住背着他存些私房钱。

我曾离过婚，过去不太关心钱，离婚后有了经济恐慌。现在的丈夫总是把收入都给我，我的收入也很不错。按理说我应该有安全感，但总忍不住背着他存些私房钱。

其实，直白地说，存私房钱是你积攒一种额外的自我价值。当今社会，女性对青春的珍视要远大于男性，女性需要选择一种弱势心态，为自己寻求更大的生存空间。存私房钱可以获取内在的心理平衡，如果能攒到足够多的私房钱就意味着你扩展了生存的灵活性，不再会恐惧男人的薄情寡义。

但你攒私房钱的方式有所不同，你在信中说“过去不太关心钱，离婚后有了经济恐慌”，这句话倒可以象征性地替换成“过去我太相信感情，现在我对感情不那么相信了”。为了对抗这种不确定，积攒私房钱犹如积攒你们的爱情，让它点点滴滴滋润在心。攒私房钱并不仅仅意味着自私，有时候也代表着对亲密关系的“反常行为”。正如打牌作弊，倚娇恃宠，潜意识是渴望做一个情感的赢家。

当然，从另一个角度来看，对私房钱的兴趣也可能是在掩藏你与男友关系中的焦虑。你对情感的持久性已经没有了玫瑰色的幻想，遂转而求其次。钱毕竟是有形的、实在的，也象征着你们相爱的“结晶”。人对情感的态度总是从感性的狂热到理性的务实，逐步转换，对金钱的态度隐含了人们对自我边界的清醒与情感态度的成熟。

心理学认为，离婚是人们心理成长的专门课堂。一段婚姻亦如一个生命，你不得不在一段较短的时间里，让自己疾风骤雨般地体验全部婚姻中可能有的情感发展、变化与分离。离婚类似于你重新从亲情的母体（家）中分离，你会发现你有了许多新的心理特性。在这个意义上，攒钱意味着你的更新，意味着你与过去的一种分界，你在用全新的自我去爱你现在所爱之人。

为越界打一支预防针

我和先生长期两地分居，无法排遣的寂寞使我特别想拥有一个异性朋友，可以聊天，可以谈情，不越界。但我很怕自己把握不好这个度，也害怕他人目光中的道德评判。

人们总是生活在这种患得患失的心理冲突中，生活的快乐原则和现实原则永远是矛盾对立的，只有接纳这种对立性，你才能找到内心的秩序和平和。如果你找一个异性朋友是为了“排遣寂寞，渴望情感和抚慰”，那么，你必定要越界，因为你没有抵御越界的心理能力。一旦越界，你一定会悔恨和痛苦，因为你的内心也没有接纳和认同越界的能力。

在这种情形下，我觉得你要先“摆平”自己。一是不再有那么多的寂寞需要排遣；二是不再对“道德审判以及他人目光”敏感。做到这些，你才会有自己的交往原则，如交往的方式、深度、频率等，才真正能做到不越界。更重要的是要宽待自己和他人，宽容的内心不再是是非的审判台，而是具有人性的光辉和生命的充实感。在这样的心态下，交往中的“边缘情感”就不会给你的内心带来麻烦。

有分寸地把握这样的婚外友情，的确很难。如果你不自欺欺人的话，和喜欢的男士交往本身就是一种恋爱，虽非身体的彼此抚慰，也要算精神的彼此愉悦。男人是喜欢冒险的生物，与他喜欢的女士交往，初期通常会用亲密幻想来维系交往的热情，这种热情不会维持3个月以上。3个月左右，男人要么真情毕露，要么自行退后。那时的你就要面对如何回避亲密，还要保持喜欢这个难题。

客观地说，你做不到，因为你内心压抑的情欲会在这种二人关系中被引发，欲望终会战胜理性。因为你还是个人，不是神。从人性角度出发，你应该顺其自然，因为婚姻只是你生活中的一部分，不是全部。如果真像你说的是要找聊天的朋友，那你最好找个同性恋者，要么就找一个你对他的躯体、样貌不喜欢的男人。更好的做法是交个网上朋友，永不见面，也就避免了越界。

婚外情感需求

虽然与老公相爱多年，感情很好，但我内心还是希望能保持与异性朋友的来往。这一点不仅是源于我好交友的性格，也是因为我很喜欢那种与异性朋友沟通相处的感觉。这个想法有错吗？为了不影响婚姻，我需要注意些什么吗？

其实，只要是对这个世界还有感觉的人，就一定知道情感需求的多样性才是生命的本质。你一辈子只可能在形式上爱一个人，但在内心的情感层面或精神层面你不可能只接受一个人。就生命的时间序列来说，爱包含着母爱、父爱、手足之爱、同伴之爱和对隐秘内心偶像的梦幻爱情，然后是有给予和获得的真实的情爱，其中你能选择、品尝、体验各种爱和性的感觉，形成一种稳定的与异性间的愉悦感，之后是夫妻之爱、对子女的爱。这些情感在人生的每个阶段都是一种现实存在，只是身体与精神需要的等级不同。

已婚女子需要有异性朋友是一个不模糊的模糊问题。首先，我们的社会还有一种不平等的道德与伦理压力，使女性在精神上的自由度要比男人小；其次，家庭事务、教养孩子的羁绊使她们在社交活动中的空间、时间上比较狭窄。婚后女性的大多数情感需求是通过自我压抑或情绪投射来形成平衡的。

人们肯定会说，婚后女性保持情感的专一性可以使婚姻更牢固。但心理学可能认为，女子的情感专一是婚姻不稳定的第一原因，因为过多地关注、依赖和约束对男人的激情有极强的杀伤力。男人天性喜欢情感丰富的女子，对这样的女子有一种男性的占有欲与控制欲，这样的欲望是男人情爱的动力。一旦女人的这种情感丰富被男人改造成为情感专一，那么，她对男人就失去了诱惑力。男人对自己的家会不那么珍惜，这是一种可悲的悖论情景。

同样，情感专一是一种控制，要求男人全方位满足女人的各类情感需求，既像父亲又像儿子，有时是丈夫，有时是情人，这样的男人是世界上活得最累的男人。女人毕竟不只是一种家庭“动物”，她还生活在社会的人际关系和情感关系中，而人与人的交往本身会伴随着许多情感的交流。心理学支持人们从环境中获取一些美好的情感，并把这样的情感称为社会的支持系统。

婚后的女子需要哪一类的异性朋友？广义地说，异性朋友是那些在相同的生活和工作圈子中的男性。女性的自身个性与社会等级决定了她们与异性朋友的交往带有随意性、公开性、泛性（非专一）。交往中的情感在内心层面可以是爱情，在行为层面主要是友情。异性朋友有情感层次的差别，有的只是一般的异性友情，有的可以是一种异性知己。异性知己虽然不如异性情人那般亲密，但已包含着一些不能言明的爱慕和愉悦，包含着彼此的欣赏、无条件地接纳和共情，在情感上即便没有爱的实质，也会潜藏着爱的意味。

这样的一些不能实现的爱意被压抑和攒集起来，就会使女性在婚姻关系中、在与丈夫的性爱中更加敏感可爱，易于激发兴奋和获得更好的体验。正如一个艺术家，必须广采博览、兼收并蓄，获取各种艺术素养，才能在所从事的专业中出类拔萃。

婚后女子的异性朋友大多受生活环境、社会阶层的限制，受文化层次的影响，但如果发展到异性知己就可能不再受文化和空间的影响。当今的一些婚后的女子，喜欢在互联网的虚拟社区中去实现安全又绮丽的情感梦幻，对现实中的异性情感更多地说“不”。究其原因，问题不在女人。女性在异性情感中需要的更多的是一种被爱与被欣赏的感觉，而非肌肤的接触。而男性与女性交往的原始动力是爱，这使得男性难以容忍只有亲密却没有亲昵的关系。所以，当女性与异性朋友的情感发展到一定的阶段，就会面临一种艰难的抉择。

心理学认为，女性能稳定地维持与异性朋友间的情感关系需要有三个因素：

第一，她是一个性格独立、内心的爱和性的活力比较充沛的人。这样的女子不容易被诱惑、催眠，无论在任何情境下，她都知道她在做什么，她该维护的利益是什么。

第二，与异性情感中存在着一种空间隔离。朝夕相处的关系不利于婚外情感中的理性色彩，晕头转向在所难免，这是男女情感交往的大忌。

第三，她所在的婚姻关系中存在着一些不能改变的情感缺陷，婚外的异性情感成为婚姻的一种补偿。在得不到足够的婚内情爱的滋润调养的前提下，恰到好处的婚外情感可以保持女性生命的活力、容颜的年轻和女性的魅力，以此减轻婚内的冲突、压抑和焦虑，使她能用平和宽容的、不苛求的心态来面对她所爱的家庭。可见，婚外情感的最大获利者还是婚姻。

情感可以很多元

我和丈夫生活了5年，感情平稳，但似乎没有了恋爱时的激情。前些日子我遇到了一个令我一见钟情的男人，他落魄而潇洒。我的内心全被搅乱了，很痛苦。都说爱情是专一的，我是怎么了？

在夏末秋初时分读着你的信，感觉你纷乱的内心就像清风吹过的桉树林中那阳光洒落映照出的一地斑驳的叶影。每个人都有自我的情感历程，无论你走了多久、多远，也无论有多少段爱曾经伴随过你，也许要到生命的最后你才能知道如果有来生你愿意去爱谁。读你的信仿佛看到弗朗西斯卡站在《廊桥遗梦》的麦迪逊镇九十二号公路的交叉路口，“透过迷茫的风雨看着罗伯特·金凯的后车灯在隐隐闪亮，痛苦的心在做一种选择……”情感是女人生命中的活力和动力，哪怕只是在内心爱上这个人或那个人，都会快乐得对自己和未来着迷。同时面对两种刻骨铭心的情感，这种运气并非每个人的一生都有。假如可能，最高的期望是把自己克隆成两个人，去完成两种美丽的人生。

给你的第一个提示：只要你的内心是和谐的，每种爱和情感都应找到各自在你心中的位置。

几千年来的文化似乎一直在告诉我们，生活中有些东西是对的,有些东西是错的,有些东西要固守,有些东西要摒弃。但生活是存在性的，现实中的事情常常既是这样，又是那样，好和坏分不太清楚。在情感世界中更是这样，你甚至不知道你感觉到的爱是否真实。当你不顾一切地要与谁厮守终生的时候，才发现自己爱上的只是一个幻影，那个你想厮守的人早已不是当初的他了。

第二个提示：爱上别人说明你的情感需要更新。

丈夫与那个男人是你情感需要的正反两面，看看哪种情感对你相对重要一些，赋予相对重要的那份情感以优先权，你要用心去维护；相对不重要的那份情感可以作为你心中的秘密，在你需要的时候才去想它或体验它。排出这样的等级，尽管两份爱还自由地存在着，但你已经知道什么事在什么时候你应该做，什么事在什么时候你不能随心所欲。

选择爱的最好的办法是时间，因为爱在每个人心中的动能是不一致的。有的人要用生命去爱，有的人需要用大脑去爱，更多的人只需要用身体去爱。而你和那个男人还只是一种感觉，类似一种亦真亦幻的虚拟梦境。在很多时候，当你内心迫切需要爱的时候，爱就会在你身边被你投射和创造出来。爱只是一场自编自演的内心游戏，可能只有你一个人被感动得深陷其中、不能自拔。

第三个提示：你倾心于那个男人好似“酒不醉人人自醉”。

相对来说，你对丈夫的情感已经内化为你自我的一个部分，他生命中的许多特质和内涵已经被你熟悉和接纳，你已经可以预期你们之间会有什么样的生活。而那个男人对你来讲还是一个谜，他对你的吸引力恰巧是这种未知，也许你想得到的只是谜底。如果时光倒流，你在 5 年前同时遇到了丈夫和这个男人，你猜你会爱上谁？

用心理学的眼光看，那时你的情感水平更易接纳的还是你的丈夫，只是在彼此 5 年的适应与互助中，你的情感已经成长到有较大的包容性。但 5 年的婚姻也悄悄地压抑了你的许多情欲需求，所以你无意识地渴望情感的反叛。当然，潇洒落寞的男人对幸福生活中的女子有杀伤力，因为女性比男性更想去拯救他人。

第四个提示：你对别人动情，真正的动机也许只是为了拯救你的婚姻。

偷偷地爱上一个谜一样的男人，类似早年要摆脱父母依恋的一种青春期反叛，成长与更新是不可阻挡的。躁动也好，冲突也罢，痛苦的后果应该是你情感力量的进一步完善。正如阵雨过后的山林，你的身心会变得更加清新宜人，那时的你，也许会变得更美丽。

与情感依赖症说再见

老公有第三者很多年了，我挽留不住他，我们离婚了，从此我的世界一片暗淡。我无法接受这个事实，无法重新开始生活。我对任何事都不再感兴趣，只是想他。我该如何脱离对他的情感依赖？

是的，这个世界上唯一不变的事情就是变化本身。男女之间的爱情说有即有，说无亦无，很像是白居易笔下的一首诗：“花非花，雾非雾，夜半来，天明去。来如春梦不多时，去似朝云无觅处。”人们对爱情的追求、感受、享乐正是这种如花似雾的情景，回首时分却如南柯一梦。

一个人从与自己紧密相依的关系中脱离出来，一定会体验到一些由情感分离引发的痛苦、焦虑、缺损感、不真实、不适应等情绪。一般的人情感分离时有些不愉快，但由于内心接受这种分离，或者虽有不情愿却是自己的选择，不愉快一阵子也就过去了，像是一片乌云卷过，阳光会很快地透射出来。但对有情感依赖的人，任何情感分离都是一件很艰难的事，犹如遇到突如其来的龙卷风，一切自我、自尊、满足感、愉悦感都荡然无存，生活被长久地笼罩在沉沉阴霾中，除非有另一份情感尽快替补进来，不然，再也难见晴天艳阳。

有情感依赖的女人，潜意识里对情感就像一个永远也吃不饱的婴儿，离开母亲（爱她的人）她就会饥渴而死。这样的人，在社会层面可能会发展得很好、很杰出、很优秀，会拥有良好的教育背景和人际关系能力，但总是在爱情上出错，总是爱上不该爱的人，或纠缠在不该纠缠的情感中，让她的亲人朋友们痛心疾首。

精神分析认为，这类女性可能早年在与母亲的关系中体验到一种矛盾情景，即被爱的同时也体验到被伤害。于是，她慢慢地放弃了自己在情感方面的成长需要，把母亲的要求内化给自己，以绝对服从来与母亲结成一种紧密关系。但无论她和母亲保持如何紧密的联结，她仍旧整天生活在恐惧被母亲（情感）遗弃的焦虑中。

以后，随着年龄的增长，幼年的一段经历被潜藏在深层意识里，当和一个人结成亲密关系时，那些内心印痕被活化，使她感觉到爱情给她极度快乐的同时也给她带来极度的苦恼。她看起来防御性很强，其实外强中干，极容易坠入情网。一爱就不顾一切，总是全情投入，让爱她的人对她爱恨交加。

有情感依赖的女人，对情爱中的不协调极其敏感，往往夸大情感中的问题，捕风捉影，一点儿小事就会闹得风声鹤唳，让一个原本好端端地爱着她的男人变得像“猪八戒照镜子，里外不是人”。这样的人，在社会上即便是一个强者，谁也不能挫败她，但在亲密关系中扮演的永远是弱者，爱情是她永远的痛。

你的身心正是处在这样的分离状态，其心理特点为：

（1）有深层次的孤独感与无助感，意识缺乏清晰度，自我察觉降低。

（2）情绪压抑，你不会投入地笑、投入地哭，就是一种情绪的压抑状态，你对情绪的感觉能力大大地减弱了。

（3）对环境存在隔膜感和不真实感，类似于一种轻度的、非病理性的人格解体，活着好像是两个人。白天，维持着一个社会角色，还能机械地完成必需的社会活动、工作、基本的人际交往；晚上，回到私人领地，内心一片茫然，冲突、挫败感与创伤经验搅和在一块儿，彼此强化。一部分自我渴望宣泄，寻找寄托，甚至自暴自弃；另一部分自我又努力忽视、否认、压抑这些情绪，将它们打入无意识领域，结果造成顽固性失眠。用心理学的语言来说，是通过失眠来转移内部焦虑，也通过失眠来惩罚自己。

你的问题是，你身体上接受了离婚的现实，但你的内心、情感、情绪仍旧生活在那个难言的婚姻中，你需要在内心也举行一个离婚仪式，和过去说拜拜。判断一个女人是否走出了分离状态，其标准是看她是否重新拥有了愉悦的心境，是否对生活产生了新的兴趣，是否允许别人再靠近她，是否再度拥有了追求爱的能力。如果你是一个有情感依赖的人，你需要让情感能力在这次分离中快速成长，学习在自己内心中寻找幸福感与快乐感，补偿和消除早年遗留的心理情结。这样，离婚实际上给了你一个很好的机遇，再现与完成你与“母亲”的分离过程，自此以后，明媚的阳光便会永远照耀着你。

如何拉回在网上偷情的他

我结婚5年，老公一直背着我在网上和别的女人聊天，甚至有一些感情宣泄和肉麻露骨的内容。老公在我面前表现得很传统，很有责任感，他认为网聊是私密空间，希望我不要干涉。他的行为是品质问题，还是所谓的宣泄压力？这是不是我们婚姻中的潜在危险？

首先我们要想一想，人性是简单的，还是复杂的？在你面前，这个传统的、有责任感的男人，是否意味着在生活的所有层面他都是传统的？人们可能一直生活在一种虚拟的世界里，我们建构了物质与欲望的世界，以为世界本真就是如此。我们在文化与精神上也建构了道德、秩序，以为人本真就是喜欢规则的生物。佛说“知觉到的东西其实是幻影”，这很像心理学。其实，作为一个客观存在——你的男人，你能知觉的是他在你内心的投影，这个投影是你的观念、经验、情绪、假定等决定的，因而是你自己的。

人既是欲望的产物也是关系的产物。对你的欲望、与你的关系决定了你先生是一个负责任的谦谦君子，但对网上女子的欲望与虚拟关系也决定了他是一个浪漫多情、露骨肉麻的男人。人们对婚姻的痛苦源于情爱文化中诸多糟糕的假定，这些假定过于完美，以至于成为婚姻幸福的毒药。如果我们有勇气接受，婚姻是我的，但我不是婚姻，我有比婚姻更多的东西。那么，前面的问题就比较容易接受了。每个人都需要隐秘的快乐，只是男人与女人的方式不同。在情爱关系中，男人喜欢追逐，女人喜欢被追，都是快乐，这构成了一种关系。

你需要思考，你的个性或行为色彩是否压抑了你先生天性中的东西，逼迫他只能在虚拟世界里去实现？解决问题的方法有三个层面：一是用婚姻道德去强调自己的权利——你娶了我，就属于我。不过，这样做有时会让男人觉得，婚姻就是牢笼。二是研究他的聊天记录——读出他隐秘的需要，在情爱生活中创新，给他欲望的出口，让他失去网聊动力。三是宽容——有些快乐如果你不能给他，他自己从虚拟世界中获取，这等于是帮了你的忙。这样做，你的心会变得开阔与坚定，他也会珍惜与你在一起的每一天。

他为何不能对你敞开心扉

我的男友有什么烦心的事总喜欢找朋友倾诉，有时甚至是异性朋友，说是不想给我增加压力。真是这样吗？

人们的内心往往需要一种“支持－缓冲”系统。当面对一些过量的负性情绪刺激、过大的生活压力与社会应急时，“支持－缓冲”系统可以帮助我们提高适应环境变化、增强心理创伤的愈合能力。这样的系统可以是一个信念或幻想、一个特别的嗜好、一只宠物或玩具、一首悦耳的音乐或一幅发人深省的油画、一个开阔的自然景观或幽静的场所、一个运动项目或一段林间漫步。更有可能是一个人——父亲、母亲、爱人、情人、亲戚、朋友、同事。这些人往往与当事人幼年生活中的某一个重要关系人有一定的相似性，能激发他一些被压抑的情绪与情感，具有安全性、及时获利、良性回馈等特征。

对你的男友来说，女性朋友可能是妈妈、姐姐、第一个梦中情人、邻家大嫂之类的曾经很亲近的人的投影。我想你最好还是相信他，以免平添烦恼。当然，这种“支持－缓冲”关系有一定的时效性，它是一种生活的资源，只有需要时才有意义。所以，你的男友只有在遇到问题时才去找她们，你应该感到高兴并对那些女性心存感激。

你的不快可能源于一种失落感，因为你认为你更应该成为你男友的“心理母亲”，而不是其他的什么人。但你要想想，你是否真正有对人、对事的豁达、宽容，有“无故加之而不怒，无故得之而不喜”的心怀。如果没有，男友要把焦虑传给你，那么反馈给他的可能是更大的压力和麻烦，你说呢？

当然，还存在两个可能。一是你向他过多地暴露了你的烦恼，平日里总是男友在倾听和帮助你疏导。这是一种强化或一种关系模式的惯性所致。你的倾诉抑制了他想向你倾诉的欲望，他只好去寻求他人。另一个可能是男友的自尊心在作怪。在你面前他希望保持一种良好的印象，不想因为倾诉烦恼而影响他在你心中的位置。不管怎样，坚持把好的东西跟男友一起分享，把糟糕的感觉自己处理好，温柔地支持和欣赏他，可能能帮助男友在你面前敞开心扉。

爱需要守卫

丈夫执意要跟初恋情人见面，我该怎么办？

首先，我想知道你的丈夫去和他的初恋情人见面对你意味着什么，你的内心如何来解释这件事？人们的思维总是活跃在一种对存在事物的不断释义中。这种内心诠释看起来像是为了找到事件的真实，但心理学认为，这种内心诠释更像是在发明或建构事件的真实。当然，要想让你对丈夫约会初恋情人视而不见，或睁只眼闭只眼几乎是不可能的。现实就摆在那儿，你所爱的人正在为别人坐立不安、魂不守舍。许多人接受恋爱是自私的、独占性的、排他的观点，但越来越多的人不再认为爱一定是唯一的和终生不渝的。

恋爱中的人几乎都有一个私人领地，都有情感的界线，这些内心禁忌代表着你所接纳的情爱规则。如果你的内心认定你丈夫的行为有些越界和违规，那么，你要让他明白你可忍耐的边界在哪里。心理医生喜欢在爱的泛性和专一性的冲突中和稀泥，并努力把这种对立的不相容变为一种并存的合理。

我们首先要引入“边缘”的概念，把一个明确的边界变得模糊，划出一个灵活的、多样化的地带，让你对相同的问题产生了不一样的感觉和看法。解决问题的办法是，你需要在内心承认你丈夫对初恋情人的怀念是人性中很自然的事，是人对情感的一种道德责任。

同时，你也要清醒地知道，情爱是最容易死灰复燃、旧账新算的，这是情欲的本质。在表面上，你要流露出你对事态的担心，装出一副痛苦的样子给他一些心理压力。同时你也要呈现出对他的足够信任和亲昵，给他信赖和自由决策权，以此拔高他的道德责任感。你还需要在这种双重态度中作快速的摇摆，让你的男人处在一种“水深火热”中而晕头转向、找不到北。婚外情感是需要有压抑的情欲和膨胀的自我作背景的，把你的丈夫折磨得没有了余力是一种较为安全的做法。

婚姻是“自我”走向完形的过程

电影《非诚勿扰》里有一句非常有意思的台词：“婚姻怎么选都是错的，长久的婚姻就是将错就错。”作为一名心理学家，您是怎么看待婚姻的？

“婚姻是我的，但我不是婚姻。”婚姻主观地说是一个人自我实现中最重要的事情之一，如果一生中没有体验过婚姻，或者没有体验过与一个“非我”构成一种生活与情感的整体，是很遗憾的。对我们这个年代的人来说，婚姻曾经是生活的必需，没有婚姻的人难以在现实中活着，是因为曾经国家的福利都是针对婚姻来设定的，没有婚姻被看成是不健全的、不成熟的、对社会不安全的，所以也是要被人异化的。虽然婚姻在现代人心目中已经不再是生活的必需，没有婚姻也可以有房子，有性伴侣，但作为一种生命的存在方式，没有婚姻仍旧是一种生命的空缺与丧失。《非诚勿扰》中的“长久的婚姻就是将错就错”的确要算是对20世纪50年代出生的人的一个真切的描述。对于我们这样一批人来说，我们生活在一个极度的性禁忌与压抑的年代，五六十年代出生的人活到有强烈的性意识或性需要的年龄是60年代中期与70年代后期的时候，那个时候的中国社会意识基本处于无性状态，文学、电影、艺术到处充斥着阶级色彩，没有丝毫性别色彩。所有未婚的男女亲密都是违法，所有的性幻想都是不道德。人们甚至没有自己取悦自己的权利，自慰看成是一种需要严肃治疗的疾病。那个时候，男女结婚之前彼此不知道对方到底为何物，结婚自然是一种错，电影《芙蓉镇》表达的正是那个集体性压抑的年代。人们可能仅仅因为需要合法的性生活就会选择结婚，也可能仅仅因为要逃离不幸福的原生家庭就选择结婚，或者因为希望被他人认为是正常人而选择结婚，当然人们也会因为能够有口饭吃不至于饿死而选择结婚，人们还可以为了改变不良的政治面貌而选择嫁给完全不喜欢的人。那时候爱只是一个满足性渴望的代名词，我对你有欲望，同时你对我也有意思，那就是爱，如果异性身体间发生点儿什么，婚姻就是唯一的合法的解释。

“将错就错”应该是50年代出生的人们对生活的基本态度，不仅仅是婚姻，也包括职业、住所、社交环境……那个时候，人们可以自己决定的东西基本没有，婚姻也不例外。一个完全没有爱与性体验的人必须走进婚姻才有权尝试这些，必须有将错进行到底的决心才能把两个蒙着盖头走到一起的人“甜蜜”地连接在一起。60 年代后期出生的人们可能完全不能理解这样的语言，因为在他们懂得要的时候中国正面临着巨大的变革。金钱的欲望一直是和性欲望紧密地联结着，甚至中国的经济改革的速度远没有性开放的速度来得更猛烈。对这群人来说，性与爱的实现变得与物质的满足同样重要，感情不能达成、性生活不和谐成为婚姻分裂的重要原因。社会多样化的发展让 20 世纪六七十年代出生的人充满着对多样化性爱的向往，他们缺少 50 年代出生的人的那种随遇而安、将错就错的心理能力。这个年代的人到了婚恋时期——80 年代末、90 年代中——就创造了对严肃婚姻的集体反叛。对 50 年代的人来说只有精英分子或艺术家才敢于追随重构恋爱的潮流，但六七十年代的很多人都敢于去创造潮流。

婚姻是什么？我个人觉得婚姻首先是一种生活方式，而非情爱方式，多元化的生活必然存在多样化的爱情。面对社会，我们就需要承认婚姻首先是男女性爱中的一种法律关系，不是爱情关系。从心理学来说，婚姻是一个“自我”走向完形的过程，当生命可以全然地和一个人分享，正是生命回归到原初时——母亲的怀抱——那种透心的愉悦。生命从母亲的身体里出来，最终又回归到母亲的怀抱里，死亡正是生命回归母体的象征。看看古人修的墓，长长的甬道连接一个半圆的衾（阴道与子宫），棺木正放在其中，这是生与死的交汇。

那么，理想的婚姻就是彼此互为母亲的怀抱，在婚姻中的人是可以从理性、成熟、道德化退行到婴儿的随心所欲、自我中心的。在这个意义上，符合心理原则的婚姻应该是：

（1）双方互为母亲般温暖的怀抱，在怀抱里各自都能以本真的方式呈现自己，而不需要考虑是否不完美。

（2）双方可以在互助形式下如愿地选择自己喜欢的生活，并能真切地欣赏并愿意体验对方选择的生活方式。

（3）伴随美好的情爱关系，双方也能保持一种全然接纳的朋友式的关系，并通过认同、平等、尊重来实现互补、互助与深度分享生命。

这就是我在这个年龄段向往的婚姻。

附录

我的心理咨询之路

记者：我曾听说每个人在选择心理学专业时，都有自己的故事，你是怎样走上心理学专业道路的？

答：1990 年我开始学习并从事临床心理工作。一是医院有这个要求——成立心理咨询室；二是我一直对心理学有一种关注。

有两个因素影响着我，一是美国电影《爱德华大夫》，二是北京安定医院的杨华渝教授写的《癫狂梦醒》，使我对人的精神领域产生了浓厚的兴趣。那一年还发生了一件事，同科室的大夫突然服毒自杀。这让我感觉到生命是如此脆弱。对于医生来说，只能拯救人类饱受疾病之苦的躯体，而精神的痛苦由谁拯救呢？我们一群年轻的大夫聚集在一块儿，讨论身边同事的非正常故去，发现作为环境的每个人都有“罪过”，在可以阻止事态发生的时候，每一个人都没能去做。不是我们不善良，而是我们没有意识，许多自杀前的征兆都被我们的眼睛漏掉了。

记者：我听到有两种说法：一种说法是，心理医生是一些天性纯良、很高尚的人，他们总在无私地献出爱心；另一种说法是，心理医生都是一些有心理障碍的人，因为他们痛苦过，所以才会选择这样的工作。我知道许多职业心理医生在择业时，会受一些潜意识的影响，你对此有什么感想？

答：这是一个作为心理医生必须弄明白的问题。在心理学的专业训练中，我们不停地被要求做自我分析，择业动机是被问得最多的问题。仔细想来，当初只是在一种“爱生命、爱自我、爱他人”的生命伦理思想影响下选择了心理治疗专业，以为自己很博爱、很伟大。但后来发现其实在内心深层有种种自我的需要。就我个人来说，有两点是我在择业时的潜意识动机。一是助人者情结，渴望帮助别人来感觉自己有价值，通过控制别人来感觉自己有权威；二是情感需要，希望通过主动投情来赢得别人的爱和关注，逃避内心的孤独感。

其实，心理治疗师在就业前，要经过无数次的被分析。在德国，精神分析治疗师最少要经历 600 个小时的自我分析。一些人在自我分析的过程中，慢慢地成熟起来，最后成为职业治疗师。有些人在训练的过程中被淘汰，难以取得心理医生资格。所以，有执业资格的心理治疗师都是被“修理”合格的。在中国，由于没有权威机构来训练和监督心理医生，每个从业者几乎都是带着各种各样的“原始情结”来面对当事人。对那种只是读了心理学的书籍，没有经过正规训练和督导的心理医生，很难避免产生对当事人的依赖、反向移情、情感剥削等，这些会更加扰乱当事人的生活和心理发展。严格说来，心理医生是依靠当事人成长的，在每一次对来访者的分析和治疗中，也是对自己的分析和治疗。

记者：“心理医生在依靠当事人成长”，这种说法让我想起外科手术，听说一个外科医生要培训 10 年以上才能主刀，职业心理医生需要多少年？

答：在美国，一个精神分析师要培训 15 年才能领到执照。一个家庭治疗师也要培训 5~8 年才能接触当事人。光培训还不够，他必须加入一个心理治疗专业学会，接受心理治疗的伦理条例和违规处罚条例，并有专业督导和专业工作小组协助自己成长，方能执业。执业后每两年还需要重新申请资格，接受学会的考核和评估。同时，每个求询者如果需要都可以获得由学会送出的医生越界细节或求询者投诉方法，并有专门的机构来接受求询者的投诉。这样做的目的是最大限度地保护当事人的利益。

职业心理医生与普通的医生、社会工作者不同，他对自己的人格结构、人性弱点会有一个较清楚的认识。训练过的心理医生，在治疗过程中有能力在态度上保持“中立”。他不再会把生活中自我的审美、道德、情感以及是非观点带入咨询的情境中。另外，他能对当事人保持“接纳”，不再用“是”与“非”这种非此即彼的观点看人的内心世界，在操作上注意与当事人的交流与互动，注重事物的“存在性”和“时间组织”。

记者：我自己不太清楚心理治疗是什么？你能大概地说说吗？

答：心理治疗有许多流派和方法，我现在是从事系统式治疗。就这种治疗的思维看，心理治疗就是通过与当事人的交流和互动，使当事人弄清个人的实际需要和痛苦背后的自我冲突，使当事人看到他生活中更多的层面，并在不知不觉中选择更适合自己的生活方法。职业的心理医生从来不用“疾病”这两个字来衡量他的当事人。不仅如此，我们在做治疗的过程中，常常要先化解当事人的疾病观念。如果他觉得一切痛苦都是疾病带来的，心理医生的工作就被局限了。我们故意忽视或淡化这些疾病的概念，让他看到自己在疾病中的角色。我们故意说一些强迫性症状、一些抑郁状态，只是当事人在某种情境状态下的行为与情绪反应方式。生活的状况不会永远一样，人的行为与情绪方式也不可能永远这样，如果症状被保持了，很可能当事人下意识地做了一些事让自己保持。正如嫌自己社交能力差的人，反过来逃避社交，社交不良就被保持下来了。正常人有时抑郁一个星期也是很自然的。人的情绪有一个周期变化的过程，就像一年之中有春夏秋冬的四季交替。假如你抑郁了一年，找到我，我就会问，你是怎么做到让你的抑郁可以保持一年的？把这样的一些事情找出来，下决心不再去做，抑郁自然就会减轻。

心理学不会和现实对抗，也没有能力真正地改变当事人所处的情境。它只是帮助或提醒当事人生活中有多种选择，不仅仅是一种，把一个内心的强冲突转变为一个弱冲突。比如一个面临离婚的妇女，心理医生没有能力改变她丈夫对婚姻的选择，但可以使当事人慢慢看到在离婚的痛苦之外还有许多重要的东西，比如自我的成长、发展、兴趣、自我的权利等，扩大了当事人对生活的视觉，产生新的决策和动力。我常跟人讲这个故事：一个尿床的人，看了心理医生后，他依旧尿床，但他已经觉得尿床不重要了，不会再对他的生活有影响，因而也不再有自卑。他接受“尿床”可能是他生理成长的一个阶段，虽然 15 岁他还要尿，但 18 岁以后尿床会自然好转，他的精神变得自由了。

记者：你说的心理学和我的感觉不一样。我有一个朋友，在去心理门诊前还是好好的，看病回来就变得病怏怏的，说她被诊断为有什么恋父情结，还有多重人格。让我都吓了一大跳，觉得心理医生会把人对自己的感觉变得和原来的不一样。

答：这样的心理医生恰好就是那种“修理”不足、内心有情结的人。他们易于在当事人身上看到自己的问题，这是一种投射。一个职业心理医生在觉察到当事人的问题时，首先要问自己为什么有这种感觉，是否是自己的一种内心情结被扰动；再把这样的感觉通过交谈来看当事人是否能自我领悟；如果当事人不能领悟，还只能等待，把问题留在那儿，不能直接告诉当事人。

有的心理医生很喜欢挖掘当事人早年的问题，以为让那些被压抑的创伤意识化，当事人的问题就会减轻。方法是对的，也符合精神分析的标准。但他们忘了每个当事人的自我觉察与领悟能力有很大的差别，有的当事人获益很大，有的当事人却感觉什么也没有得到，有的甚至更加混乱与痛苦。尽管这是治疗中常见的，但当事人不知道，他以为心理治疗没有效果，就自动脱离了。心理医生可能会说，这是当事人没有准备好。但心理医生也忘了，当事人是主题，你只能选择适合当事人理解、获益的心理治疗方式，对当事人负责，而不是对某种心理理论负责。

如果当事人需要诊断，也要看诊断是否符合当事人的利益。如果诊断能促使当事人发展积极的、正面的行为和认知，我们才给。当然，在医院的心理医生要服从生物医学的大环境，一般病历上会严格按照国际疾病分类来记载。

记者：我看过一本由著名的精神分析专家写的书，书名叫《放弃心理治疗》。我曾读过几篇心理治疗的分析文章，说心理治疗缺乏科学的效果判定，很难说出心理治疗是怎样发生作用的，你对这个问题怎么看？

答：我认为说心理治疗有效和无效都是正确的，差异在于两者间用的观察标准不同。前者用的是非线性的、非固化的因果关系来看待人类的精神和情感活动，把精神领域看作是一种“构成现实倾向”，而非只是现实单纯的投影。而后者是用直线因果的、非此即彼的观念来认识人的精神活动。心理学并不以对效果的测定来判断治疗是否成功，相反，它会更加关注症状的个别性、情境性。比如一个当事人在患神经衰弱或抑郁症时，能得到家人的关爱，这种关爱又正好是她内心渴望已久的，心理医生要看到在躯体痛苦的同时存在着情感的满足，这是一种继发性获益。当症状成为一种心理防御，那么妄图使她走出抑郁就不容易，因为这违背了她潜在的利益。比如丈夫个性暴躁、夫妻关系失调，妻子会用“弱势”来控制她的丈夫。妻子变得多病、神经衰弱，丈夫不得不回家做饭、管孩子，妻子由此“控制”了丈夫。所以，在一个“久病不好”的案例里面总会有一些隐情——是因为她还不能好。碰到这样的当事人，我们不会寄希望于她好，我们会鼓励她把症状做得有选择性。如在丈夫面前尽量把症状做出来，而在工作和自我生活中，就要把症状收起来，将症状做到“收放自如”。把症状看作是“客人”，可请它来，也可送它走，这正是心理学巧妙的地方。

记者：就我的认识，每一个心理治疗师不可能适合每一个当事人，你在治疗中选择当事人吗？有没有让你颇感为难的病例？

答：有。有些当事人在接受心理学治疗时，抗拒性非常强，害怕袒露内心，害怕被分析。而有的当事人又特别地依赖，缺乏主动的心理能力，这两类当事人都可能使治疗变得冗长而乏味。心理医生在治疗时，经常处在两难的境地，当事人的问题总没有改善时，我们不着急，可能是怕失去当事人，无意识地在鼓励当事人依赖；如果着急，又可能让治疗进入一种“悖论”情景，你越想治好他，就越陷入治疗的困境，甚至最终被耗竭。当这种状况得不到改善时，我们会把当事人转诊给其他的心理医生。事实上，一般前三次咨询是处在一个磨合阶段。心理医生会在这个阶段中判断治疗对当事人有没有价值，当事人有没有成长的欲望，有没有内在的动力和可利用的资源。如果看不到有价值的东西，我们会放弃他，把当事人作为一般的病人来处理，进行一些心理教育、诊断或给予药物治疗等，让他回到生物医学的模式里去。所以，心理医生只能治疗有“心理学头脑”的人。

记者：弗洛伊德说“没有移情就没有心理治疗”，指出移情在心理治疗中的重要性。但我和一些心理医生交谈过，仿佛是谈移情如谈虎色变，移情是心理治疗中的障碍吗？

答：不同的当事人对心理医生有不同的期望。异性当事人会无意间在心理医生身上建构他（她）所喜欢的感觉，虽然看起来这跟心理医生没有关系，与医生人格魅力有关，也不能排除个别心理医生无意识地诱惑当事人。心理医生不会害怕移情，尤其在治疗的初期，适度移情可以帮助更快地建立治疗关系，并利用移情所带来的信任感处理当事人的心理防御。不承认移情的心理医生，咨询中仍在发生移情，只是他感觉不到或者是害怕感觉到罢了。

我们会认同当事人的情感，这种互动的投情对治疗很重要。对心理医生无动于衷的当事人很难接受治疗，心理医生可以通过当事人对自己的爱或恨（负性移情），来分析他潜抑的情感体验及他与儿童时期重要关系人的生活情境。当然，心理医生不能够去“剥削”当事人，不能利用当事人的移情去做那些超越职业范围的事情。心理医生越界与当事人发生情感关系，是医德上的严重过错，是要受到职业处罚的。中国心理卫生协会和政府职能部门制定的涉及心理医生从业资格认证、职业道德及收费标准等方面的规范细则出台，会对从业人员有所制约。

记者：人们常说心理医生天天接触负性情绪，久而久之会染上精神异常的职业病。美国的统计资料显示，心理医生和精神病医生的精神病发病率和自杀率远远大于常人，你怎么看？

答：长期做心理治疗的医生在一定时期内会感到疲惫，

或者内心潜藏的东西不自觉地出来干扰对当事人的判断，他的自身状态就变得十分危险。因此，心理从业人员一定要定期接受督导和参加专业小组的活动。心理医生更应该学会享受生活带来的乐趣，用积极的心态面对现实，同时也要限制每天接诊病人的数量，不让自己处于耗竭状态，这不仅对当事人有益，对保持心理医生的治疗能力也很重要。我个人把职业角色和社会角色划分得很清楚。出了心理治疗室，我只是一个平常的社会人。

记者：作为21世纪最有前途的职业之一的从业者，你是怎么来看待你自己的？

答：心理医生是靠当事人成长起来的。只有在咨询中，心理医生才能发现自己的问题，才能解决自己的问题。我只是处在中国心理学发展的过渡期，我受的职业训练和接受的自我分析还远远不够专业的要求。但中国正在发展，心理治疗的未来应该属于那些在更为严格的环境中培养出来的年轻人。我想我会慢慢从临床治疗中退下来，担当心理医生与求询者之间沟通的桥梁，多写一些文章介绍较为正规的心理治疗，帮助人们认识和接受心理治疗。

李子勋经典书系
——集体亮相——

亲子家教

不想让孩子在未来被 AI 取代就读这套书

心灵成长

回归自身的体验，活出自在的样子

ISBN 978-7-5169-2488-4
定价：65.00 元

ISBN 978-7-5169-2489-1
定价：69.00 元

ISBN 978-7-5169-2494-5
定价：69.00 元

ISBN 978-7-5169-2490-7
定价：65.00 元

ISBN 978-7-5169-2487-7
定价：69.00 元

ISBN 978-7-5169-2491-4
定价：69.00 元

李子勋经典书系

——众多大咖力荐——

曾奇峰　李松蔚　施琪嘉　刘称莲　陈向一

赵旭东　刘　丹　杨凤池　孟　馥　朱建军

唐登华　青　音　阿　果

等众多著名心理/家教专家
感动力荐!

著名家庭治疗大师
国内后现代心理学第一人
心理学界的哲学家

李子勋